Love

Courage

Confidence

Kindness

女孩那些
重要的事
全二册

爸爸
写给女儿的信
教养篇

〔印〕贾瓦哈拉尔·尼赫鲁 著

卷石 编译

时代文艺出版社
SHIDAI WENYI CHUBANSHE

图书在版编目（CIP）数据

女孩那些重要的事：全二册／（印）贾瓦哈拉尔·
尼赫鲁著；卷石编译 . -- 长春：时代文艺出版社，
2024. 11. -- ISBN 978-7-5387-7512-9

Ⅰ . I351.65

中国国家版本馆 CIP 数据核字第 2024B8G070 号

女孩那些重要的事：全二册

NÜHAI NAXIE ZHONGYAO DE SHI：QUAN ER CE

[印] 贾瓦哈拉尔·尼赫鲁 著　卷石 编译

出品人：吴　刚
选题策划：马百岗　张　旭
责任编辑：余嘉莹
装帧设计：柒拾叁号
排版制作：张从众

出版发行：时代文艺出版社
地　　址：长春市福祉大路 5788 号 龙腾国际大厦 A 座 15 层（130118）
电　　话：0431-81629751（总编办）　0431-81629758（发行部）
官方微博：weibo.com/tlapress
开　　本：889 mm×1194 mm　1/32
字　　数：220 千字
印　　张：11.5
印　　刷：天津画中画印刷有限公司
版　　次：2024 年 11 月第 1 版
印　　次：2024 年 11 月第 1 次印刷
书　　号：ISBN 978-7-5387-7512-9
定　　价：79.00 元（全二册）

图书如有印装错误　请与印厂联系调换　（电话：13331117708）

我的女儿，愿你今生成为一个大写的、自由的人。

　　尼赫鲁，全名贾瓦哈拉尔·尼赫鲁（Jawaharlal Nehru，1889—1964），印度第一任总理。他出生在一个显赫的贵族家庭，父亲是印度著名的律师和民族主义者。尼赫鲁在英国的哈罗公学度过了中学时代，后因成绩优异提前考入剑桥大学，主修自然科学，之后又进入伦敦法学院攻读法律。毕业后，他投身于印度民族解放斗争，继承了"圣雄甘地"的衣钵，成为印度国大党的领袖。1921年至1945年间，他因民族解放事业先后九次被捕入狱，在狱中，他给女儿英迪拉写了很多封信。这些信不仅知识广博、思想深刻，更饱含着深深的父爱和温柔的期许。

　　本书选编自1932年至1939年间尼赫鲁写给女儿英迪拉的信。其中有多半数时间，尼赫鲁被辗转关押于五所监狱中，而十几岁的女儿英迪拉则独自在印度加尔各答、英国牛津等地求学，父女难得相见，即使在狱中会面，时间也很短暂。尼赫鲁便将自己对生活的观察、对人生的思考、对历史和现实的观照以及对女儿成长中的关爱，都毫无保留地展现在了文字中。

　　根据这些信件的内容，编者把它们整理成了六大部分，十三个主题，共六十封信。主题涉及女孩成长中的方方面面，关于爱、成长、做人、处世、学习、考试、读书、写作、困难、取舍、人生观以及内在生活，等等。可以说，"只要人类存在，这些问题就永远不会过时"。由于尼赫鲁本人极其博学，有"博学尼赫鲁"之誉，读者可以随时从信中窥见，他对历史、政治、生物、诗歌、戏剧等信手拈来的点评和解读。

而在这一切的背后，最打动人心的，是尼赫鲁对女儿深沉又无所求的爱。剥去种种显赫的身份荣光，他只是一个父亲。

他从来没有想要按照一个什么"模子"来塑造女儿，也从来没有说过任何"你是一个女孩，女孩应该怎样"之类的话。甚至，对于在印度极其显赫的家族，他也从未要求女儿继承。他说，"你应该走你自己认为正确的路。如果我们的家族传统对你有帮助，就继承它；如果没有，就无视它。"他是把女儿当成一个自由、平等、独立、勇敢、无畏的人来培养的。

作为父母，我们似乎已经习惯了为某件事（比如学习）加上爱、责任、意义、目的、价值、结果、道德等附加物，以加强压力或加重负担的方式，来要求孩子去做好这件事；而尼赫鲁则恰恰相反，他总是小心翼翼地避免给女儿增加身心负担，他的信在尽一切努力帮女儿从"家族责任""要考好""理想"，甚至"对得起父母的爱"等身心负担中解脱出来。他希望女儿能无拘无束、自由自在地成长，他在培养的是一个自由的女儿。

如果说这本书只能用一句话来概括，那应该是——我的女儿，愿你今生成为一个大写的、自由的人。

编者

目 录
CONTENTS

女孩那些重要的事·教养篇

目录
CONTENTS　女孩那些重要的事·教养篇

目录
CONTENTS 女孩那些重要的事·教养篇

壹

给
你

学习待人处世的

关于做人

合作
是最应该养成的
习惯

不论做什么事，成功的窍门都是与他人合作。

亲爱的女儿：

我收到消息，说你正准备去穆索里，我很高兴，因为我正决定给你写信说这件事。你大概已经出发了。对你来说，生活中时常发生一些小变化是好事，这些变化会让你兴奋起来。

在生活中，我们有时难免情绪冲动，心烦意乱。但这是不理智的，不是吗？我们会因此言行失当，让人觉得滑稽可笑。人在激动的情绪下，是很难保持姿态优雅的。如果我们总是控制不住自己，忍不住流露出有失斯文的一面，说明我们所接受的教育和训练是不足的。

教育的最终目的——至少从一个角度来看——应该是什么？我想，应该是不管面临多大的困难，都不要冲动烦乱，要努力与周围的人和谐相处，跟人们合作。

你跟我已经见过两次了，每次见面大部分时间都是我在说话。在监狱会面总是受拘束的，我们总是因时间有限而感到紧张。但我还是希望，下次见面的时候，你能跟我说说你在学校的情况，以及你对未来的计划。如果不告诉爸爸，爸爸要怎样才能帮到你呢?

不论做什么事，成功的窍门都是与他人合作。不管是在学校还是在家里，都有两种孩子：一种是在溺爱的环境中长大的孩子，他已经习惯了不费吹灰之力就从家人那里得到想要的一切；另一种是被忽视的孩子，通常生活在孩子很多的大家庭中，从小被父母忽视，没有得到适当的关注。他们不仅难以取得较大进步，还总是制造麻烦。被宠坏的孩子和被忽视的孩子都缺少与别人合作的机会，他们很少与人一起完成一件事。他们没有养成与人合作的良好习惯，而他们往后人生中的诸多麻烦，往往也是根源于此。

进入社会以后，被宠坏的孩子依然希望别人像家人一样宠着他。他的希望当然会落空。他会因此大发脾气，怨天尤人。但实际上，有问题的人是他自己，而不是别人。被忽视的孩子，因为从小没有养成与人交往的习惯，走出家门后疏离人群，形单影只，看事情总是心生不满，对人总是充满埋怨。很多成年人都是这样。因为成长过程的扭曲，他们看不见自身的错误，总是埋怨别人。

正确的做法是，不要像他们中的任何一种，要在两者中间保持平衡，拥有健康的身心，喜欢与人接触，努力跟他人合作。

小孩子可能并不理解或理解不了其中的细节。他们只是接受大人的教育，或者看别人怎么做，自己也跟着做。而爸爸之所以把这一切都写给你，是因为你是一个敏感的孩子，我把你当成能够平等对话的朋友，而不仅仅是我的女儿。我相信你能理解。

爸爸曾经就是个被宠坏的孩子。因为你的姑姑们生得晚，很多年来我都是家中唯一的孩子。独生小孩是很容易受父母过多关爱而被宠坏的。而我不仅被自己的父母宠爱，还得到了很多其他人的宠爱。这种痕迹至今仍明显地存留在我的身上。你是独生女，又那么可爱，爷爷奶奶可能不知不觉地就把你宠坏了，让你对这个世界怀着超乎寻常的期望，结果发现现实可能并不符合你的期待。

对于这一点，我没办法给出中肯的意见，因为我们俩太像了，就像两个部分，属于同一个整体。家人们给你的爱太多，也许算不上正确。但好在，从你童年起发生的那么多公共事件锤炼了你，让你变得更坚强，也让你从被宠坏的环境中脱离出来，不再只考虑自己，也学会了考虑别人。

我也不知道自己为什么要写这些。就好像你就坐在我面前，我们正在聊天。我原本是想你在下次探望我时，多说说你在学校的情况和对未来的计划。你也知道，你在目前这所学校中学习的时间已经不多了，更重要的是怎么把下一步走好。我们可以聊聊，讨论一下。

　　亲爱的孩子，只有你自己愿意并且乐于如此，我们才能合作，一起做好这件事。

爱你的爸爸

　　（本文选编自 1933 年 5 月 16 日尼赫鲁写给女儿英迪拉的信。）

不要
在事情发生之前就
存在偏见

> **如果你想过有价值的生活，就得自己参悟人生哲学。**

亲爱的女儿：

恐怕我不能同意你像瓦齐尔先生建议的那样，独自带着厨师，住到索尼本闲置的房子里去。我很不喜欢你远离老师和同学，要求特殊的照顾。在我看来，这是低俗和势利的表现。不管在哪里，大声训斥别人，瞧不起别人，觉得自己高人一等，需要特殊的待遇，这都是不好的开始。如果你成了这样的人，你觉得自尊自爱的同学，还会愿意跟你做朋友吗？教授和学校的管理人员又会怎么想呢？我们越过他们的权限，自作主张，会不会让人感觉受到某种程度的侮辱呢？

事情不能这样做。不管走到哪里，我们都要和周围的环境保持平等，不要觉得自己更好或者更优越。如果你显而易见地优于某个地方，宁可不到那里去，也不要以高人一等的身份去。你想想，如果你在乡亲们或穷苦的工人们中间工作，你要怎么跟他们住在一起，拜访他们的家？难道你要像交际圈中的贵族女孩一样，扬着香气四溢的手帕，摆出一副向可怜人施舍恩惠的做派？

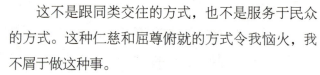

　　这不是跟同类交往的方式，也不是服务于民众的方式。这种仁慈和屈尊俯就的方式令我恼火，我不屑于做这种事。

　　我想我以前跟你说过，一直以来我所期望的教育——包括你个人的以及所有男孩女孩的教育——都应该包括在工厂、在田间诚实地劳作这部分内容。只是很不幸，目前在印度还不能实现。但我希望，我的这一期望能让你更好地理解我的教育观。

　　如果你去工厂工作，你还会想要以一个上等人的身份单独出去住，也受到工作上的优待吗？这样想太荒谬了。之所以去工厂劳作，就是希望你能从辛劳和痛苦中学习，了解到很多人都困在这样的辛劳和痛苦中。希望你看到生活的真实面貌，与人们打成一片，理解他们的所思所想，明白怎么做才能帮助他们脱离苦难。这是娇生惯养的人做不出来的，只有那些不怕风吹雨淋和艰辛劳作的人才能做到。

　　当然，这个问题现在还没出现。而它会否出现，很大程度上取决于你对生活怀抱什么样的理想。我不能把我的理想强加给你。如果你想过有价值的生活，就得自己参悟人生哲学。

　　这件事是你去圣蒂尼克坦之前，唯一需要决定的重要的事了。事实上，那是一个令人愉快的地方，我相信你不会感到不舒服的。如果学校安排你住寄宿房间，你当然应该住进去——学校安排住哪儿，你就住哪儿。为什么不呢？吃东西也应该在那里吃。如果真的吃不惯，可以跟负责的老师或其他人讲，变一下或加点儿什么，不会有什么困难的。我担心的是你在那里受到的照顾太多，而不是太少。这是难免的。因为你碰巧出身于一个声名卓著的家族，但一定不要让你的出身成为你和同学之间的障碍。那里的女孩子都是很体面的，你应该很快就会和她们成为朋友的。

你好像觉得洗衣服有点儿浪费时间，我不是太了解，但我觉得没必要这么想，洗点儿衣服对人有好处。

你知道我在哈罗公学时吃过什么苦吗？我常常饿肚子，除非自己另外买点儿别的吃的。我们低年级的学生不得不像打杂的一样"服侍"高年级的，帮他们跑腿、打扫卫生、擦皮鞋、送信，还总是挨骂，有时甚至还会挨打。

所以我认为，你去到圣蒂尼克坦最好别做任何特殊安排，我已经写信给那里的人，他们会把你安顿好的。你第一次去的时候可以让妈妈陪你去。那里有一位强达女士，是一位聪慧而出色的艺术家。她会帮你的。你不会生病的。如果有不适应的地方，还是要说出来。

随信寄给你圣蒂尼克坦的介绍，你会从中获取一些信息。课程介绍在第 13 页，选必修课的话，我建议你选印地语作为印度语言，现代语言建议你选法语。

　　还要在三门科学（植物、物理、化学）和音乐、工艺等有意义的科目里选两门。我倾向于科学，因为现代社会建立在科学的基础之上。那里的工艺系也很好，如果你感兴趣的话也可以参加。

　　不必现在就做决定。你先到那里去，自己看一看，再做决定。不要在事情发生之前就存在偏见。那里有缺点，也有优点，我想优点还是大于缺点的。我相信你会学到很多东西，正确地成长和发展。

　　　　　　　　　　　　　　　　　　　爱你的爸爸

　　（本文选编自 1934 年 6 月 15 日尼赫鲁写给女儿英迪拉的信。）

走你
自己认为
正确的路

> 如果一个人的心是自由的、无所畏惧的，那么不管这个世界有多残酷，都很难把他压垮。

亲爱的女儿：

现在是 5 月 6 日晚上，我正在给你写这封信，而此时你一定在前往安拉阿巴德的路上。这封信到的时候，你大概还没回博瓦利，不过没关系，过一两天你就能看到。我今晚很想给你写信。这可能是你和妈妈乘船去欧洲之前的最后一封信了。下次写信的时候，你们可能在公海上，而我的信将寄往瑞士的某个地方。你们越过阿拉伯海，离我栖身的角落是如此遥远，不知道何时何地能再见到你们。

说到见面，这些年我们没有多少机会见面。你到了瑞士以后，我们见面的可能性就更小了。但是，这对你对我都有好处，你不得不在一定程度上减少对我和其他人的依赖。家固然好，但它往往使人变得狭隘——如同在温室里成长。一个人需要更广泛地接触社会，追求自己的理想兴趣，而家无法为此做好准备。当一个人在没有准备的情况下进入更广大的世界，就容易受到伤害。别人对我们不感兴趣，我们就回以怨恨，这是不理智的，这是狭隘的家庭生活的产物。此时的错误不在别人，而在我们自己。我们越早习惯与他人合作，就越能适应这个世界。营造这样的环境需要各方共同努力，指望别人跟随我们的步伐是愚蠢的。

我希望你开心，怀着希望离开印度。别担心我，我很好。无论身在何处，我都会努力保持内心的平静，不让思想被束缚。我已经养成了用意念旅行的习惯，我比那些身体同样受到约束的人更快乐、更自由。

作为父母，人们总是想按照自己的想法和方式来塑造和影响孩子，我认为这在某种程度上是不可避免的。但事实是，每个人都是他（她）自己，都是生命所进行的一次新实验。强迫一个成长中的人进入特定的模式只会使他（她）变得愚钝，影响他（她）的成长。萧伯纳曾称这种行为是"最严重的罪行"。虽然我不敢说我有多成功，但我一直尽量不把我的观点和生活方式强加给你。我希望你能以自己的方式成长和发展。只有这样，你才能实现自己的人生目标。在你小的时候，难免会继承一些家庭的传统习惯和观念，但我对咱们家的遗传背景是很自负的，我认为它相当好。

但以后的路你要自己走。我之所以经常问你，对哪门学科感兴趣，不是为了决定学哪门学科，而是想知道你在想什么。只要是你感兴趣的科目，学什么并不重要。我最关心的是你本人。

我们身边有一些人，他们在学术上取得了卓越的成就，却到哪儿都感到不适应。这不全是他们的错。事实上，这是教育不完善造成的缺陷。正确的教育必须着眼于人的全面发展。人们不仅要学会如何协调自己内部的矛盾，还要学会如何与他人合作。

人是一面镜子，通过我们自己，我们可以看到别人；从别人身上，我们可以清楚地看到我们在追求什么，期待什么。如果我们自身的镜子明亮纯净，就会让世人感到幸福，我们也会成为人们喜爱的合作伙伴；如果我们自身的镜子布满灰尘，灰蒙一片，我们就会看不清楚自己，会变得自私，以自我为中心，无视自己的缺点，总是挑别人的毛病。这样，别人就会觉得我们很难相处，对我们敬而远之。

我这样写信好像一位教授。请原谅，我不想教你什么或剖白自己，我只是想让你走进我的心。随着年龄增长，我或许更聪明了些，越来越重视真正的教育——你知道，我说的并不是考试。我认为，无论做什么工作，要想卓有成效，正确的知识训练都是必不可少的。但更重要的是，知识训练背后的东西——习惯、理想、视角、目标、内在和谐、合作能力、坚持真理和无畏的精神。如果一个人的心是自由的、无所畏惧的，那么不管这个世界有多残酷，都很难把他压垮。也许从狭隘的世俗角度来看，他可能不够快乐（因为敏感的人很少赤裸裸地表达快乐），但这不算什么。因为对他来说，内心的满足感更有价值，超越了世人眼中的幸福感。

对你来说，这些都是未来的问题，不要为它们而烦恼。我给你写这些东西似乎有点儿愚蠢。你本应尽可能地摆脱所有的负担，而我却增加了你的思想负担。你应该快乐地成长，不要让你的青春蒙上忧虑和烦恼的阴霾。我希望你的青春是幸福和快乐的，这样我也可以重温我的青春，分享你的快乐。我不希望你成为一个爱争吵、爱抱怨的人。

在印度，你不可避免地要承担起家族的负担；在欧洲，你的感觉或许没这么强烈。我们的家族碰巧在印度很有声望，这对你来说既有好处也有坏处。我为我的父亲感到骄傲，他是我一生的榜样。他经常鼓励我，给我力量。我试着不站在儿子的立场，而是站在公正和独立的立场来评判他——我确信他是一个真正伟大的人。如果你的祖父的榜样能在任何方面激励你、鼓舞你，那是你的幸运；如果你对父母的感情对你有帮助，我们也会很感激。你的祖父、父亲和母亲，无论他们的品格多么高尚，都像其他人一样有自己的缺点。然而，印度公众习惯于把他们喜欢的人理想化，而那些没有达到他们理想标准的不完美的人，则很容易激怒他们。我不希望在你心里，把我们的家庭和祖先视为麻烦和负担，认为我们的家族或家族传统会强迫你做某事，或不让你做某事。

你应该走你自己认为正确的路。如果我们的家族传统对你有帮助，就继承它；如果没有，就无视它。虽然在某种程度上，人不能完全摆脱家族传统，不管你喜不喜欢，它都会在你身上留下印记。你什么都不做就能获得某种公众地位，这也许不是一种幸运，但你别无选择。总的来说，拥有良好的家族传统并不是一件坏事，它可以帮助我们不断向上，提醒我们如火炬般保持向上燃烧，而不是自我贬低，或者变得庸俗低级。

爱你的爸爸

（本文选编自 1935 年 5 月 6 日尼赫鲁写给女儿英迪拉的信。）

适应环境，
并不意味着
亦步亦趋

004

> 时间表的主要目的是让学习生活更有规律和有效率，否则它就只是个形式而已。

亲爱的女儿：

我很理解你对时间表的看法。随着一个人的成长，尤其是当他（她）有特殊的计划要做时，学校的时间表可能会让人头疼。然而，时间表仍然有它的作用。如果一个人住在公寓里，想和别人和睦相处，规律的生活是必要的。这不仅是有益的，也是必需的。否则，你就会不合群，你自己的思想也很难平静。

现在你的身体和教育正处于一个转折点——高中刚毕业，还没有达到大学的水平。直接进入大学也可以，但在一段时间内你会感到不适应。在有了一些知识储备和社会生活的经验之后，进入大学会更好。那个时间很快就会到的，九十个月的时间并不长。

目前阶段，我认为只要你能适应，最好还是尽量适应。当然，这并不是说别人做什么，你就必须做什么，但一定程度的适应是不可避免的。通常情况下，我认为大家一起散步是一件令人愉快的事情。这样不是比你一个人好吗？但如果你实在不愿意去，就不要去。我一直认为，合作是最应该养成的习惯。适应新环境的能力也是一个人自身文化的一部分。如果一个人太孤芳自赏，就很难培养社会性和群体认同。关键是在不影响重要工作的前提下，你应该决定你能做什么，不能做什么。

这一原则也适用于选择科目。我相信赫默林小姐会帮你安排你的日程，让它符合你的最大利益。上了几天课，你就会知道该如何更好地调整你的课程表，然后告诉赫默林小姐。当然，如果你想让我跟她谈谈，也没问题，但我认为你最好自己和她讲，说明你的困难。你主要考虑的是准备入学考试和学习语言。音乐和绘画可以丰富生活，给人带来快乐，有保留的必要。你想不想继续由你自己决定。或许，你

可以选择坚持其中一个。

　　如果你有空闲时间，读点儿东西是很好的。时间表的主要目的是让学习生活更有规律和有效率，否则它就只是个形式而已。我的习惯之一就是按时间表工作。如果你需要有关课程的书，记得告诉我。

爱你的爸爸

（本文选编自 1935 年 11 月 27 日尼赫鲁写给女儿英迪拉的信。）

做好一件事 005
胜过泛泛地做
很多事

> 如果你对某件事感兴趣，就要为此
> 多下功夫。

亲爱的女儿：

　　我收到了你的信。我很高兴你在恒河的小岛上度过了一个愉快的假期，在河里游泳，在古寺的残垣间漫步，玩得很开心。我以为你会去那烂陀，那是玄奘参观过的古老的大学城。然而，我的估计错了。

　　雪是如此令人愉悦，但像许多美丽的事物一样，它在短暂地访问后很快就会离开我们。松树和其他树木被白雪覆盖，很漂亮，看起来像仙境。雪美化了生活的丑陋，使一切变得纯洁。还有什么能像雪一样优雅美丽呢？但它终将融化，也许这个冬天都不会再来了，我们只能和诗人一样问："去年的雪，你在哪里？"

　　大雪覆盖了监狱周围，让我更加想念你，想念瑞士。你在米拉堡酒店生病时，一位丹麦女士送了你一束花，我也回赠了她一束花。碰巧我选择了丹麦的国色，但当时我并不知道。我对她国家的尊敬使她特别高兴。我想起了我们在日内瓦的住所，想起了国际学校，想起了塞西尔和维拉尔，想起了蒙特克里斯如画般的美景……

不久前，你妈妈告诉我，你想放弃现在的科目，换一门。我建议你先和强达女士商量一下这件事，如果你自己觉得可行的话再换。我知道，如果你明显偏向某一科目，应该继续学习。把大量时间花在不感兴趣的科目上是错误的，几乎是在浪费时间。

你可以围绕艺术、语言和其他你选择的科目来设计你的学业。如果你能和强达女士商量一下更好，她会在课程设计方面给你许多帮助。

我不建议你在圣蒂尼克坦参加任何特殊考试。如果遇到了，可以参加，但不需要特意改变规程。我认为可以把这些学习作为你将来从事某一特定职业的准备。

现在最好不要担心遥远的未来，要在那里尽可能多地学习。我希望你身体健康。不仅健康，还希望你每天都能更强壮一点儿，避免疾病的困扰。生病是对精力的极大浪费，会影响我们去做有益的事情。当你年轻的时候，你通常不需要为此思虑过多，但仍值得谨慎。现在多注意，将来会有很大的不同。

我很高兴你在读《思考的艺术》这本书。我

之前读过，非常喜欢。请经常告诉我你在读什么书，我对书很感兴趣。无论什么时候，我都很乐意给你寄一些有趣的书。

爱你的爸爸

（本文选编自 1935 年 2 月 4 日尼赫鲁写给女儿英迪拉的信。）

想把事情做好，

就要为此
锻炼自己

006

你长大以后会做什么？你这一生的课题或职业是什么？

亲爱的女儿：

　　非常欢迎你的来信。你又开始了正常的学校生活，而我还在这里，读书、写作、纺线、睡觉。我的生活也产生了新的变化。两只小松鼠加入了我们，它们都是捡来的。我给它们起名为提塔和塔塔。

　　提塔和塔塔还很小，需要照顾。我和朋友们每天大部分时间都在为它们打扫卫生，每两小时给它们喂食一次，让它们在外面晒太阳。我用钢笔和棉花为它们做了一个"奶瓶"，这个设计还挺好用。它们还有了棉花床，得到了比普通小松鼠更多的照料。

　　每个人都非常喜欢它们。它们渐渐长大，对人类也越来越友好，经常向我们跑过来。它们最喜欢的地方是口袋里。它们喜欢蜷缩成一团，心满意足地睡在那里。但好景不长。小提塔生病了，行为变得有点儿奇怪。一天，它掉进了一个老鼠洞里，当我们把它拉上来的时候，它的尾巴已经没有了。它没能躲过悲惨的结局幸存下来。奇怪的是，那天，又有另一只小松鼠从树上掉到我们的房间里。现在它们又变成了两只。我给新来的小松鼠起名叫塔伊。塔塔和塔伊很快成为了朋友，现在正是友好的阶段。

很快你就要过十五岁生日，长成大姑娘了。我一直在想：你长大以后会做什么？你这一生的课题或职业是什么？

当然，现在就决定几年后的事还为时过早，但是如果你想把事情做好，就要为此锻炼自己。

你可能很自然地想上大学，学习你喜欢的专业。选择专业需要有根据。对于我来说，如果要做出选择，去国外的大学可能好些，你可以去英国、瑞士或法国。我希望你能在英国的大学学习一段时间，但现在这一切都只是想想而已，我只是顺便提起。因为我一直在考虑，我希望你对这个问题能有自己的想法。

还有一个问题。如果你想上大学，你必须通过某种入学考试。如果你一直没有落下功课，准备起来应该很容易。我不喜欢把考试当成衡量学习的标准，但目前我们不得不这么做。我记得东印度唯一举行的考试是剑桥高级考试，也许还有其他我不知道的考试。

　　我将同瓦齐尔先生讨论这个问题，他可能会提出好的建议。如果你愿意，你可以让他阅读这封信的有关部分，和他谈谈这个问题，然后写信告诉我你的想法。

　　　　　　　　　　　　　　　　爱你的爸爸

（本文选编自 1932 年 10 月 3 日尼赫鲁写给女儿英迪拉的信。）

成功或失败
最终和真正的
裁判是自己

007

人应该从心里明白，什么是衡量成功或失败的真正标准。

亲爱的孩子：

　　初试已经结束了，你一定感到如释重负吧。在你参加考试的时候，远方依然有人在挂念你。初试是小事，因为你还没适应，当然会有点儿紧张，但其实没什么特别的。我希望经过这次考试，你的紧张心情会有所缓解。别担心，冷静面对，你一定会在考试中取得好成绩的。

　　永远不要待在舒适区里，这是我的工作信条。我经常要面对新的情况，处理生活不断抛来的问题。它们总是突然出现，既不能提前学习，也无法做准备。生活不断地考验着我，我有时成功，有时不那么成功。但是，无论成功或失败，最终和真正的裁判是我们自己。有的人遇到一件值得称赞的小事就夸个不停，却对真正的胜利缄口不言，选择无视。人应该从心里明白，什么是衡量成功或失败的真正标准，表面现象并不重要。有些人在表达自己时是很谨慎的，因为他们不得不面对生活的考验，他们不想背叛自己。事实上，我们接受的教育和训练都在教我们如何谨慎。我们应该鄙视那些随波逐流、摇摆不定，没办法克制

自身的懦弱的人。

　　我已经开始思考和卖弄大道理了，这是多么不好的习惯啊！这说明我还没有达到一定程度的自我约束，但是考试的问题引发了我的思考。生活对我来说就像一场考试，但很少有人能成功通过。

　　下一次考试是在六周后，你现在就得做好

准备。考试结束后你可以来看我，我希望你能在四月底开始快乐的假期。辛苦工作后的休息是快乐的。我还不知道你要去哪里度假。我已经写信给你妈妈，请她立刻开始治疗，也许到你放假时，妈妈的治疗已经结束了。她可能会在这里待一两个月，然后你就可以和妈妈一起去旅行了。之后的计划，等我们见面时再讨论吧。

爱你的爸爸

（本文选编自 1934 年 3 月 1 日尼赫鲁写给女儿英迪拉的信。）

对任何事

都感到悲观

是荒谬的

008

这一点你没必要像我。

亲爱的女儿：

你对科目的决定大概是正确的。无论如何，你自己才是最有权力做出决定的人。

我认为，入学考试对你来说算不上什么真正的困难。因为科目很有趣，寻常的智力、清晰的思维和写作能力就足以应对，不需要拼命努力用功。

唯一的困难可能是拉丁文，但你仍有充足的时间做准备，没必要对结果感到悲观。我常常认为，对任何事情都感到悲观是荒谬的。我有这个毛病，这一点你没必要像我。

爱你的爸爸

（本文选编自 1936 年 10 月 29 日尼赫鲁写给女儿英迪拉的信。）

抓住机会，走自己的 路

> 上学的时候，我没能在假期去陌生的地方旅行，现在后悔了。

亲爱的女儿：

我又回来了，但我只能在这里待一天半的时间。卡特·豪斯刚来过，他说他去见过你。他没有什么新消息要告诉我，但听他说话还是很有趣的。

关于你的圣诞假期，我有个好主意。去普拉哈怎么样？途中还能在瑞士停留一阵。普拉哈或捷克斯洛伐克的其他地方都会是新奇而有趣的，我在那里还有一些好朋友。如果你一个人去瑞士的某个地方，可能会觉得无聊。那可以考虑一下捷克斯洛伐克，旅行的费用可能会高一点儿，但不会高太多，你值得去一次。

上学的时候，我没能在假期去陌生的地方旅行，现在后悔了。机会不会重复，你必须抓住机会，走自己的路。

爱你的爸爸

（本文选编自 1936 年 11 月 19 日尼赫鲁写给女儿英迪拉的信。）

无论如何，
要遵守
承诺

写作哪有那么容易呢？

亲爱的女儿：

　　你走后，除了你在海上写的那封信，我没有收到其他的信，也没有你的任何消息。但我想，你应该已经平安地到了马赛，去了巴黎，在那座迷人的城市里观看了展览，过得很愉快。你也可能到了伦敦或正在去伦敦的路上，一周后你会到牛津。我的下一封信会寄到牛津去。

　　我住在阿南德巴万，除了在办公室，我都是一个人，一个人做饭，一个人吃饭，一个人工作。我不喜欢有人打扰。我和你房间相通的那扇门经常开着，晚上，我走进你的房间，环顾四周，说一句晚安。你的影子似乎还留在房间里，那些零零碎碎的东西放在那里，和你离开的时候一样，好像你刚刚还在那里生活。

　　我觉得我快跟不上工作进度了。我离开三周，事情就堆积如山。我的效率也不像平常或应有的那样高了，我可能有点儿老了。三天前，当我从勒克瑙回到安拉阿巴德时，发生了一件奇怪的事：本是喝茶的时间，我从办公室一回来就睡着了，一直睡到晚饭时。

除了我的正常工作，我还答应给国外期刊写文章。这已经变成一种负担了。虽然我喜欢写作，也想写——各种想法、词和句子在我脑海中闪现，但时间总像碎片一样，我累坏了。写作哪有那么容易呢？但无论如何，我都会遵守承诺。

　　再写点儿什么呢，我亲爱的孩子？我想写的好像很多，又似乎很少，看你怎么想。我太忙了，你肯定也很忙，因此我就停笔了。

　　　　　　　　　　　　　爱你的爸爸

（本文选编自 1937 年 9 月 30 日尼赫鲁写给女儿英迪拉的信。）

给

梦想远大的

你

旅行是
最好的
锻炼

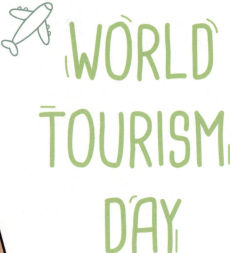

WORLD
TOURISM
DAY

PASSPORT

世界那么宽广，我们的生活却那么狭隘。

亲爱的女儿：

很高兴收到你的信。能见到你，即使是你的照片，我也很开心。当我收到你的信，想起你的时候，我记起一位英国诗人的诗：

最亲爱的
当我想你的时候，
我想起了世界上一切事物的美，
我的灵魂无比幸福。

因此，我的女儿，记得写信给我，告诉我关于你的一切，这样我就很高兴了，等两个星期也是值得的。

过了整整三个月才见到你妈妈，我很高兴她看起来很健康。但她告诉我，你不像以前那么快乐了，有时甚至有点儿沮丧。亲爱的孩子，我们每个人都没有权力过分沮丧或担忧，尤其是你。我知道，有时候你会感到孤独。每个人都会这样，但我们必须微笑着面对生活。当一切都很顺利时，笑起来很容易；但如果事事都不如意呢？亲爱的女儿，你千万不要做错误的决定。

你的姑父来看我的时候，他告诉我他要去孟买几天。他想知道你是否愿意和他一起去。你当然可以去，我希望你旅途愉快，并给我写信。

虽然爸爸不能陪你一起，但我在用自己的方式旅行。我在读一本旅游书。我跟随书中的脚步，穿越漫漫的沙漠，穿越巨大的冰川，探访与世隔绝的小城。我跟着斯文·赫丁的笔，一起穿过戈壁和沙漠——他称之为"珠宝、火石的母亲"——加入商队，到达亚洲的中心。当我踏上这趟伟大的旅程时，我清楚地想起了之前一次相同方向的短途旅行。那是很久以前的事了，那时你还没有来到这个世界，还没有像现在这样照亮我们的心。

那是1916年，我沿着达拉克路，来到通往青藏高原的佐吉拉关卡。从高处往下看，一边是绿意葱茏的克什米尔，另一边是裸露的巨大岩石，上面点缀着一些桦树和桧树。在关卡的另一边，有一片广阔的冰川。连绵的冰川真令人激动！在穿越冰原时，我滑进了一个巨大的裂缝里。别担心，我当然没事——大家用绳子把我拉上来了。回想起来，我待在裂缝里的那一刻，竟然觉得十分幸福。

就这样，我"游遍"了千山万水，满足了我漫游的欲望。我

还在计划我们未来的旅行。我们将一起回到我们的家乡克什米尔，探访少有人造访的美丽山谷，再沿着古老的商队路线前往亚洲的心脏地带。我们可以去雪豹生活的地方，然后沿着摇摇欲坠的索桥，穿过湍急的河流。索桥摇摇晃晃，忽高忽低，直到我们头晕目眩，站都站不稳。我们将到达伟大的印度河，参观它伟大的发源地。我们还可以去那些远离文明，远离报纸、收音机和电影的地方。如果你愿意，我们也可以沿着成吉思汗、帖木儿等古人的足迹，追溯历史的轨迹。伟大的沙漠将磨炼我们的意志，考验我们的力量。旅途疲惫时，我们可以在绿洲里休息，品尝清凉甜美的泉水和沙漠里的水果——小果子、西瓜，也许还有石榴。

　　如果你愿意，我们还可以选另外一条路线，有无数的地方可以去。世界那么宽广，我们的生活却那么狭隘。旅游是所有锻炼中最好的锻炼，从中我们可以学会欣赏那些我们曾经认为平平无奇的东西。

　　　　　　　　　　　　　　　　爱你的爸爸

（本文选编自 1932 年 3 月 23 日尼赫鲁写给女儿英迪拉的信。）

朋友之间
最重要的是
相互理解

> 我希望我们是朋友，虽然同时你恰好又是我的女儿。

亲爱的女儿：

今天上午收到了你的信，它很准时地出现在我的生日这天。像我这个年纪的人，已经不再像过去那样欢迎生日了，但你的生日贺信我还是很欢迎的，只要短短几句话就让我感觉很幸福了。

但你为什么突然对我道歉，为了一些我并不知道的事？还让我"原谅并忘记"。原谅什么？忘记什么呢？朋友之间是不存在原谅和忘记的。我希望我们是朋友，虽然同时你恰好又是我的女儿。朋友之间最重要的是相互理解。

你能喜欢新学校，我很高兴。你说有可能通不过考试，为什么这么说？你当然能通过，而且能顺利地通过。

爱你的爸爸

（本文选编自 1933 年 11 月 14 日尼赫鲁写给女儿英迪拉的信。）

变化

是

必然的

> 只有那些以自我为中心的人才会或
> 多或少地停留在静止状态。

亲爱的女儿：

　　你一定已经离开学校，开始过圣诞节了。辛苦工作之后，假期总是令人愉快的。我希望你快乐，也希望我能分享你的快乐。

　　你说你变了。你当然会变，在你这个年纪，改变是理所当然的事。即使到了我这个年纪，我发现自己还在成长和变化。陌生人可能不会注意到这一点，因为他们只能看到一个人的表面；但如果两个人有情感上的联结，即使很微小的变化也能被对方清楚地捕捉到。一个手势、一句话、对问题的看法或者你说话的方式，都能让这种变化显而易见。你的变化自然也不能逃脱我的注意。只有那些以自我为中心的人才会或多或少地停留在静止状态。我们都不是那种人，对不对？

　　我在收音机里听到了爱德华国王的告别演说，他表现得很好。我说他很好，不仅仅因为他是一个伟大的人，也因为他拒绝做一个机器人，因为他面对所有压力，仍能做出自己的决定。

爱你的爸爸

（本文选编自 1936 年 12 月 14 日尼赫鲁写给女儿英迪拉的信。）

多一些
经历是
好事

> 这方面的经历是很有用的，从中可以了解人性的很多方面，尽管结果常常令人感到沮丧。

亲爱的女儿：

你在信里讲述了你的情况，活动、学习和快乐充满了你的生活。我真为你高兴。这让我想起了过去的一系列画面，回忆驱走了这座房子里的空虚感。

你要的斯图巴斯的《宪法的历史》恐怕找不到了。原来是有的，但之前的版本不是很好，你最好还是买一本新的，即使有些贵。不要太依赖图书馆，还是自己有课本比较好，想什么时候用就什么时候用，还可以在上面写写画画。我给你寄的另外一本也是很著名的书——塔斯维尔·朗米德的《宪法史》，你可以时常参阅。

你讲述了自己游说公众的经历，我很高兴。这方面的经历是很有用的，从中可以了解人性的很多方面，尽管结果常常令人感到沮丧。我并不擅长游说，但责任使我不得不这样做。我游说公众，一次几千人。

你吃过柿子吗？听说过没有？这种水果很不错。一个好心人给我寄了几包，但我们其实并不认识。

爱你的爸爸

（本文选编自 1937 年 11 月 10 日尼赫鲁写给女儿英迪拉的信。）

换个视角

015

观察世界

不要像过去的我，变得太狭隘。

亲爱的女儿：

　　大概你的复活节假期马上就要到了。你跟我说，打算好好游览一下英格兰，这当然可以。但作为惯例，我还是想提出我的建议：我觉得欧洲大陆也是值得游览的，你会从旅行中感受到足够的"英国视角"。不要像过去的我，变得太狭隘。

　　从其他角度、以其他观点观察世界是必要的，而且，这也是你提高外语水平的难得机会。复活节去法国还是不错的。

爱你的爸爸

（本文选编自 1938 年 3 月 11 日尼赫鲁写给女儿英迪拉的信。）

风险
往往没有想象中
可怕

Northpole

> 如果你勇敢地走近它，会发现它也许并不可怕，甚至还可能成为一个让你愉快的伙伴。

亲爱的女儿：

　　爸爸想告诉你，生活是丰富多彩的。虽然有时会陷入泥沼，但我们还可以享受大海、高山、雪花、冰川和美丽的星空，享受来自家人和朋友的爱，享受为共同事业而奋斗的情谊、美妙的音乐、动人的书籍和伟大的思想。

　　我们可以轻快地叹咏宇宙的规律，愉快地生活在这个充满思想和想象的世界上。但如果我们只沉浸在舒适的生活中，看不见他人的痛苦，不关心别人的遭遇，我们就会失去自身的勇气和同情心。

　　只有把思想转化为行动，才能证明思想是合理的。"行动是思想的结果，"我们的朋友罗曼·罗兰说，"任何无法付诸行动的想法都是对行动的背叛，都是徒劳无益的。如果我们是思想的奴隶，那我们必然也是行动的奴隶。"

　　人们逃避行动，因为行动往往意味着冒险。人们害怕行动带来的风险。但是你知道吗，风险往往没有想象中可怕。如果你勇敢地走近它，会发现它也许并不可怕，甚至还可能成为一个让你愉快的伙伴。它能为你的人生带来更

多激情和乐趣。如果生活永远一成不变，人生难免枯燥无味。

而另一方面，我们又把太多东西看得过于平常，好像它们已经无法再在你心中激起愉快的涟漪。如果你短暂地失去了它们，你就会意识到，你的生命中这些看似寻常的事物究竟多么宝贵。

很多人喜欢攀登珠穆朗玛峰，他们甘愿冒着失去生命的危险，去体验征服珠峰、直面困难所带来的豪情和快感。他们把自己置于危险之中，感官因此变

得更加敏锐，快感也因命悬一线的危险
而变得更加强烈。

　　每个人都有选择的自由。我们可
以为了安全，选择住在布满雾气的山
谷，也可以选择伴着危险，勇敢地登上
山巅，呼吸清新的空气，眺望远方的美
景，迎接初升的朝阳。

　　　　　　　　爱你的爸爸

（本文选编自 1934 年尼赫鲁写给女儿英迪拉的信。）

挣钱很重要，

更重要的是

做有价值的事

017

一个人活着只为了挣钱是不够的。

亲爱的女儿：

　　很高兴看到你成长得很健康。我们的会面太短暂了，我一边想着要把所有想讲的都讲完，一边一只眼睛盯在表上，我想告诉你和想问你的很多事，当时都没有想起来。这次分开，不知又要多少个月不能相见了。

　　我已给瓦齐尔先生写信，建议你准备剑桥高级考试，而不准备考初试。我认为剑桥考试可能更适合将来你在欧洲课程的学习。

　　至于要选择的专业，我也不知道。我们以后一起来考虑，现在还不着急。选什么专业，在很大程度上取决于你以后想做什么。你考虑过这个问题吗？

　　去年你曾写信告诉我，想当一名老师。教书育人是很好的，但要教育别人，首先自己要博学。世界上还有许多其他吸引人的工作。要做好任何一项工作，无疑都需要大量的训练。印度的学生在职业的选择上没有太大的余地，很多男孩想当律师，或通过考试进入平民服务机构，很多女孩也试图随其脚步。但这都只是一些挣钱的方式。一个

人活着只为了挣钱是不够的。虽然在现实世界里，钱是要挣的，但更重要的是要做一些有价值的事情，做一些对我们赖以生存的社会有益的事。

我特别不喜欢那些不能让社会从中获益的职业。有的职业使人自私，使聪明人可以剥削其他人，我不认为这种职业是值得一做的。因为它不创造任何产品，也没给这个世界贡献任何益处。

实际上，今天还有很多人每天无所事事，只在父母的财产上坐享其成。我们不必考虑这些"非社会性"的人。

那什么是社会性的和有益的工作呢？太多了，甚至一张表都罗列不下。现实的世界是如此复杂，有成千上万种有益的工作需要人们传递下去。随着你年龄的增长，知识面的拓宽，你会看到各种各样的工作。人们制造产品、食物、衣服和其他数不清的东西，再把这些产品运送给商人出售。例如你在商店买东西，是否曾想过商店的背后是工厂、机器、工人、工程师，而工厂的背后是提供原料的土地和矿山……这一切是多么的复杂和诱人。一个人值得做的就是投身到这些有益的工作中去。

你可以做一名科学家，因为科学是现今一切的支柱；也可以做一名工程师，把科学知识运用到日常生活中；或者做一名医生，运用医学知识减轻人们的痛苦，帮助人们预防或消除疾病；或者做一名教育工作者，培养各种年龄的人，从婴儿到成人，使他们成为更好的人；或者做一名现代化的农民，以新的科学方法提高土地的产量，增加国家的财富；等等。

我想要告诉你的是，我们每个人都是这个充满活力的、巨大社会中的一员。我们不能忽视这个事实，只做自己想做的事。我们必须做有益的工作，以推动社会的运转。我们的国家会发生各种变化，谁都无法确定几年以后会是什么样。但无论到什么时候，做有益于社会的工作，并为此而接受训练，这样的人永远是社会最宝贵的一员。

我之所以写这些，是为了让你思考这个问题。你长大以后，我当然希望你自强自立，胜任有益的工作，不要想着依靠他人，但你也不必匆忙做决定。

你应该去欧洲继续学习，学好法语。我还想让你学习德语，因为这门语言也很有用，但可以先等一等。你知道吗？年龄越小，学语言越容易。你现在的年龄正好跟我第一次到英格兰时的年龄相同。那是很久以前的事了。

今天下了冰雹，山峰上覆盖着白雪，很遗憾你没有见到这样美好的景色。

爱你的爸爸

（本文选编自 1933 年 1 月 23 日尼赫鲁写给女儿英迪拉的信。）

在世界上
扮演一个有价值的
角色

018

一个充满了生命力、智慧和想象力的角色。

亲爱的女儿：

新年即将开始，送上我的爱和新年的祝福。

寄给你一本书，作为新年礼物。这本书是范·鲁恩的《地理》。它的描写部分不太准确，漏洞百出。这本书的写作方式我也不喜欢，但是它的图片非常漂亮，封面恰好是一张世界地图。你可以把它剪下来，送给瓦齐尔先生，他会愿意挂在学校里。

前一段时间你曾写信告诉我，丰富想象力带来的欢乐，并且进行了各种各样的想象。想象力固然美妙，它使得我们更生动地活在这个世界上；但如果想象脱离开世界和自己的工作，使人失去了自己，成为空中楼阁，那就不太好了。

不知道你将来打算做什么，这么早决定既困难又没有必要。但无论做什么，我总希望你能够做好，并且出类拔萃。我想让你在这个世界上扮演一个有价值的角色，一个充满了生命力、智慧和想象力的角色。希望你会如此。

爱你的爸爸

（本文选编自 1933 年 3 月 20 日尼赫鲁写给女儿英迪拉的信。）

依靠别人

是没有

好处的

019

每个人都希望找到一个抛锚之地。

亲爱的女儿：

你现在一定在法国了，离我多么遥远。恐怕我近期不能过去，环境和责任束缚着我——这是我自找的。我很想去看你，大概要明年才能成行。但我觉得这样也好，不常与我见面，不受我的出现和观点的影响，你就可以无拘无束地成长。每个人都希望找到一个抛锚之地。依靠别人是没有好处的。

我们待在一起五个月了，这时间足够长了。我们无疑会互相影响，这是难以避免的。在这几个月之中，除了日常简短的对话，我们几乎没有进行一次合适的长谈，是不是令人不解？我感到了两代之间的鸿沟，你应该也感受到了。

这几个月你能跟我在一起，我感到很高兴。当然有个人的原因，但还因为在这段时间里，你能对当前的印度和我的生活有更多的了解。我不喜欢这种生活，但我会坚持到明年 2 月。

爱你的爸爸

（本文选编自 1937 年 9 月 23 日尼赫鲁写给女儿英迪拉的信。）

不要
成为小毛病的
俘虏

020

> 我遵循简单的健康规律，锻炼、休息好，吃清淡的食物。

亲爱的女儿：

不知道你的身体怎么样了。我希望你能科学地照顾自己，治好那些小病小痛。人有些小毛病在所难免，但被它们所俘虏就是愚蠢的了。

正如医生所说的，你没什么病，只是不够健壮，这意味着你缺乏对于疾病和传染的抵抗力。体弱这一点大概是从妈妈那里继承的。既然我们已经认识到了这一点，就要努力改善它。

你知道，我的祖父年纪轻轻就死于肺病，我的一个姑姑也是如此。我本来体弱多病，小时候得过不少病，但后来我的身体很好。我在哈罗、剑桥和伦敦那么长时间，从来没看过医生，只有一次是因为踢足球时受了伤。我想，一部分是因为我从父亲那里继承了好体魄，另一部分是因为我对自己身体的照顾。照顾并不意味着病态的关照，我从不那样。我遵循简单的健康规律，锻炼、休息好，吃清淡的食物，另外就是，我想做多少工作就做多少。

有些人认为我忽视了自己的身体，向我提出一大堆劝告。但实际上，在过去的十八年间，虽然工作繁重，还有牢狱生活，我却令人惊奇地保持着健康。我有很多老朋友，他们生活悠闲，每天要吞下无数药片来调养身体，跟他们相比，我的身体要好得多。之所以能够如此，是因为我已养成习惯，遵从简单的规律。我从不忧心身体，也不依赖药物。我能适应变化的环境，就算是监狱也是一样。我的工作十分辛苦，但令人惊奇的是，无论是我的头脑还是身体，都能从不断变化的环境中得到好处。我想心理也是重要因素。心理和情绪的和谐，使得外在环境并未对我产生想象中的重压。坚持简朴且有规律的生活也是一个原因。

这个冗长的叙述可能让你厌倦了。我只是希望你能考虑这个问题，为身体打下健康的基础，不要过于依赖药物——当然，有时候不得不吃些药。别为身体感到困扰，养成习惯，遵从规律。

爱你的爸爸

（本文选编自 1938 年 3 月 15 日尼赫鲁写给女儿英迪拉的信。）

叁

给

勤奋好学的

你

关于
读书和写作

有价值的
书不要读得
太快

021

简单的书可以读得快点儿，因为没有太多真理。

亲爱的女儿：

　　我见到你的那天，你没有照片上看起来那么健康。你一定是感冒了。我希望你已经康复了。这里的天气多变，你一定要小心。如果你的脖子还疼，用我给你妈妈的杏仁油按摩一下。

　　不要在那儿看太多书。你可以散步、跑步，多锻炼——当然，锻炼太多也会让人疲倦。大脑要保持轻松才能正常运转，假期并不意味着要做很多脑力劳动。我经常觉得你读书读得太快了，很容易理解不透，囫囵吞枣。当然，简单的书可以读得快点儿，因为没有太多真理。但是一本有价值的书应该花更多的时间和精力，想想写作背后的辛苦工作和大量思考吧。如果你读得太快，一目十行，就很难领会作者的真实意图，读着读着就忘记了。

　　读书的时候准备个笔记本是个好习惯，记下那些让我们感到快乐或感动的部分，这会帮你留下很多东西。你可以经常饶有兴趣地回头翻翻看。这个习惯是我刻意培养的，我现在用的是第十七个笔记本。

总之，我希望你能慢下来，循序渐进地读我给你写的一系列信，不要总是急匆匆的，否则，你可能会感到厌倦。它们不是用来娱乐的读物。

　　我想你有足够的书可读，如果不够，请告诉我，我可以推荐或寄给你。

　　再见，我亲爱的孩子。

爱你的爸爸

　　（本文选编自 1933 年 5 月 2 日尼赫鲁写给女儿英迪拉的信。）

附：尼赫鲁给女儿推荐的书（部分）

1.《燕子谷历险》，［英国］亚瑟·兰塞姆著

2.《勇敢的新世界》，［英国］阿尔多斯·赫胥黎著

3.《关于诗的常识》，［英国］L.A.G.斯特朗著

4.《远方和往昔》，［英国］威廉·亨利·赫德逊著

5.《罗曼·罗兰》，［奥地利］史蒂芬·茨威格著

6.《约翰·克利斯朵夫》，［法国］罗曼·罗兰著

7.《牛津德语诗歌手册》，［英国］费德勒编

8.《九三年》，［法国］维克多·雨果著

9.《歌德》，［德国］埃米尔·路德维希著

10.《柏拉图对话集》，［古希腊］柏拉图著

不要读
不到五十岁的
书

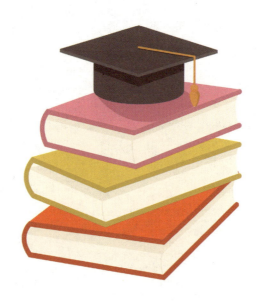

022

▍更保险的做法是读经典名著。

亲爱的女儿：

　　我收到了你的信。很高兴你在咨询了克里帕拉尼的意见之后，把课程确定下来了。这在圣蒂尼克坦是最优的选择了，但我不太明白，你说的自学历史是什么意思。要知道，历史的海洋浩瀚无垠，如果没有专家的指导，是很容易迷失方向的。你也许能从教授那里得到帮助，好的教授的指导比上课重要得多。事实上，在剑桥的时候，我并没有特别重视大学的课堂，教授的指导对我的帮助更大，文学、政治、经济和其他学科都是如此。我不知道你在那里是否也是这样，或者教授们在讲课之外是否也还会这么做。即使这种方式已不再流行，你仍然应该经常向教授寻求帮助，例如克里帕拉尼，他非常乐于帮助别人。

　　你同意我经常寄书给你的建议，我会照做的。然而，当我考虑该给你寄些什么书的时候，我产生了点儿困惑。我这里的书大多是刚出版的，这些新书有的还不错，但我怀疑几年之后，还有多少能留存下来。

　　我像你这么大的时候，总是听到一句古老的格言——

不要读不到五十岁的书。它是说，时间就像一只手，能够把好书从坏书和不值得一读的书中筛选出来。如果一本书没有被时间筛掉，它就值得一读。这是一条有效的准则。当然，它并不适用于科学、历史、政治、经济以及类似的学科。

对于这些学科来说，持续进行的研究会不断增加新的知识。这些知识的变化是如此之快，尽管一本书从某种角度看有它的意义和重要价值，但在影响了一代人之后，它的知识内容可能会完全过时。

但就纯文学而言，这条准则是真理。我们身边充斥着大量的书，它们良莠不齐，且大部分都是糟粕。要想避开它们，更保险的做法是读经典名著，读那些对人们的思想和写作产生深远影响的作品，这样的阅读积累会锻炼人们明智地选择现代文学的能力。当然，当代的书也不容忽视，没有它们，我们就不能理解我们生活的时代及其内部存在的矛盾。

话又说回来，一个人读什么书，很大程度上取决于他（她）的品位和特殊心情。人不能强迫自己像完成任务一样去欣赏一本书，这会导致人们厌恶阅读，甚至可能发展成对所有阅读的偏见。不幸的是，我们的考试和课本经常会带来这样的后果。莎士比亚、弥尔顿、歌德、莫里哀、雨果……他们的作品多么伟大，但因为考试，他们变得令人讨厌了。

还有一个问题：年轻人喜欢一种书，中年人喜欢一种书，老年人喜欢的又跟前两者都不一样。我小的时候，很喜欢斯科特的小说和丁尼生的诗，但现在我几乎无法忍受了；我还迷恋过雪莱，后来我对他的热情也几乎消退了。所以在向你推荐书的时候，我应该考虑我年轻时的兴趣还是现在的兴趣呢？但这两项可能都不足以提供足够的指导。我想知道的是：你读过哪些书？你有多喜欢它们？你喜欢诗歌吗？如果是的话，你喜欢哪位诗人？你喜欢历史？社会学？时事？经济学？小说？乌托邦？散文？……一时难以列数。如果你能就这些问题写信给我，我可以根据你的想法、情感和发展，推荐进一步阅读的书。这样会更容易。

如果我读到优秀的书，或者我认为你会感兴趣的书，我会寄给你的。我还会列一些书单，供你选择。它们都是经典名著，在大学图书馆应该都能找得到。如果学校没有你想要的书，我可以寄给你。

柏拉图的大部分作品都很有意义，能启发人的思想。你可以试着读一本书，比如《理想国》，看看你是否喜欢它。古希腊戏剧中蕴含着惊人的力量，索福克勒斯、欧里庇得斯和埃斯库罗斯是悲剧作家，阿里斯托芬是喜剧作家。他们的剧本短小易读，还有英文版，翻译得也很不错。说到剧本，你看过《萨康塔拉》吗？当然不是卡里达斯的原著，而是译本，值得一读。

如果不是为了考试，而仅仅是出于爱好的话，莎士比亚的作品是迷人的，他的十四行诗尤其优美。

我不知道你喜不喜欢诗歌。我知道你正在学习惠特曼和勃朗宁，他们都有优秀的人格，但他们不是我心目中的诗人。现代诗有些还不错，有些根本看不懂。英国的现代诗人中最富有诗意和音乐性的是沃尔特，我正在读他的作品。

去年8月在阿南德巴万的时候，你告诉我你想读托尔斯泰的《战争与和平》。它是最伟大的小说之一，你已经读完了吗？他还有另一部作品《安娜·卡列尼娜》。另外，你读过萨克雷和狄更斯吗？他们的作品风格是旧式的，我以前很欣赏。你一定要读萨克雷的《名利场》，这是一本滑铁卢时代的小说。

我一直对乌托邦和未来主义类型的书很感兴趣。威廉·莫里斯的《乌有乡消息》、塞缪尔·巴特勒的《埃瑞璜》和赫伯特·乔治·威尔斯的《神一般的人》是我早期的最爱。

你已经读过一些萧伯纳的作品，应该多读一些。他所有剧本基本上都值得一读，它们的序言也很重要。

还有一位作家是我非常喜欢的，就是伯特兰·罗素。

他的英文措辞优美，充满智慧，你也会喜欢的。除了他的数学和哲学著作外，其他著作都值得一读。

这是我现在能列出的简明书单。这个书

单还可以继续增加，但我认为应该暂停一下，以便让你做出选择。

人为什么要读书？为了接受教育，获得娱乐，锻炼大脑，等等。这些答案都不全面。我想最重要的是，人可以从无数种角度去理解生命，学习该如何活着。个人的经验终究是狭隘的、有限的。我们能从书中学习他人的经验和思想，而这些人往往是同时代人中最睿智的，能帮助我们摆脱狭隘的窠臼。

当我们向山坡上走去时，新的风景会逐渐出现在我们的视野中，我们的视野会变得更宽阔，更平衡。我们不再会被渺小的、稍纵即逝的爱恨所迷惑，而是能清晰地看到它们的本来面貌——它们只是浩瀚的生命海洋中微不足道的涟漪而已。

对于所有人来说，开阔视野是都有价值的。因为它能让我们看清生活的全貌，以便更好地生活。还有一些人，他们的思想远远超过不善思考的大众，他们在生命的旅程中扮演勇敢者的角色。这种开阔的视野和平衡感是必不可少的，这有助于他们走在正确的路上，并在风暴来临时保持稳定。

爱你的爸爸

（本文选编自 1935 年 2 月 22 日尼赫鲁写给女儿英迪拉的信。）

书
是绝对不会辜负
我们的朋友

> 能经得起时间考验的书才是经典之书。

亲爱的女儿：

很高兴收到你从博纳寄来的信。你不一定非要在固定的时间写信，两周写一封就好，哪天有空就哪天写。

你对学校的新房子感到满意，这很好。在明亮、通风、开阔的房子里写作业的感觉一定很不一样。那里有花园吗？你和同学们为什么不试着整理一下花园呢？那会很有趣的。博纳是理想的建造花园的城市，你大概知道，很多花和蔬菜的种子都来自博纳的植物园。

物理和化学是很吸引人的学科。当然，所有的学科都是越学越有吸引力。正是因为有了科学，现代社会中复杂的机器、铁路、飞机、无线电报以及成千上万的事物才得以出现。因此，一定要懂科学。科学的重要之处在于，它教会我们实验的方法，锻炼我们的大脑，让我们把这些方法应用到现实生活中，解决问题和困难。接受科学训练的人越多，这个世界的不理性、矛盾和野蛮就会越少。

我不知道你是否看过我寄给你的《大纲》。关于科学的那一章很简单，也很有趣。它不仅包括物理和化学，还

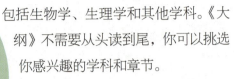

包括生物学、生理学和其他学科。《大纲》不需要从头读到尾，你可以挑选你感兴趣的学科和章节。

妈妈会把安德烈的书寄给你的，也许瓦齐尔先生也会感兴趣，你看完后可以给他。

我很愿意向你推荐一些好书。英语和法语的书太多了，不停出版，堆积如山。我的一般原则是不读新书。许多新书乍一看似乎很吸引人，但只是昙花一现，过后就被人遗忘了。能经得起时间考验的书才是经典之书。有这么多值得读的好书，浪费时间在糟粕之书上是不明智的。

为什么不读一些英语和法语的古典小说呢？它们既是经典，读起来也很轻松。狄更斯、斯科特和萨克雷的风格不同，但各有各的好处。雨果和大仲马也很有吸引力，读这些经典小说会增加你的法语知识。赫默林女士去年送你的书你都读完了吗？你也可以请瓦齐尔先生推荐一些英语作品。

好书有一种神奇的力量。它们可以净化人的心灵，让人身心舒畅。一旦我们跟书成为朋友，这种力量就会慢慢地流向我们。一旦我们感受到这种力量，我们就找到了通往神奇世界的钥匙。书是绝对不会辜负我们的朋友，它们不会老，也不会变。它们是我亲爱的朋友，我从书中获得的快乐，比从其他任何地方得到的都多。

还有一种形式独特、富有魔力的奇妙之物是音乐。我以前不太重视它，因此失去了很多乐趣，我感到后悔。文学、艺术、音乐和科学使我们的生活丰富多彩、意义深远。它们教会我们，人应该如何生活。

我的小狗很可爱，它想得比我多，一下雨就会跑到我这里来。最近雨日夜下个不停，我为小狗的未来而担心。等我离开这里，它该怎么办呢？

爱你的爸爸

（本文选编自 1933 年 6 月 27 日尼赫鲁写给女儿英迪拉的信。）

写作

不是翻来覆去地使用

优雅的词汇

> 只是翻来覆去地使用优雅的词汇，那么文章就会徒具其形，缺乏走得更远的力量。

亲爱的女儿：

我很高兴读到你的信。

再过一个多月，你就要放假了，离开圣蒂尼克坦，那时我们可以再见面。如果学校一直缺水，你也可能提前离校。我们这里也严重缺水，我很担心，因为我的幼苗和花需要很多水，我得留一些来浇灌这些干渴的幼苗。

圣蒂尼克坦的同学们对《概览》的印地语翻译的看法，我很同意，其中确实有几处明显的笑话。是否干涉这件事，我还没想好，因为我毕竟不是印地语学者。

据我所知，很少有印度作家真正关注语言的艺术、文字的美感以及它们所蕴含的意境。他们还没有意识到，真正的风格源自质朴和真诚。

当代印地语的另一个主要问题是，缺乏对世界上的作家和新思想的关注。写作必须有价值，有知识，有思想。只是翻来覆去地使用优雅的词汇，那么文章就会徒具其形，缺乏走得更远的力量。

你问我读印地文学的事，我认为当然应该读。印度诗很美，但有点儿单调，主题范围似乎有些狭窄。古印地文学很珍贵，不仅值得读，而且是必要的。只有这样，它才能得到改进和发展，并从新的思想中汲取力量。我自己的文学知识有限，这是我的主要缺点之一。我希望你别再吃这个苦。

我很高兴你喜欢哈代，虽然（我可以对你小声说吗？）我几乎没读过他的作品。其实我对这类作品并不挑剔，但奇怪的是，我偏偏忽略了他。梅瑞狄斯是我最喜欢的作家之一，我相信你也会喜欢他的。读他的作品要克服开篇的沉重感，过了这一段，他的作品整体而言还是令人愉快的。你能在阿南德巴万找到他所有的作品，你可以从《理查·弗维莱尔的苦难》开始。当你读这些书的时候，会发现书中的世界与当今世界相比是多么的奇怪。我童年时很常见的事物，二十年后已面目全非。变化的速度是惊人的，时代越来越不同。也许你并不情愿，但终有一日你会成为爸爸一样的老年人，那时回顾过去，你会看到的无疑是一个永远在变化的世界。

你在圣蒂尼克坦已经快一年了，我很高兴你到那儿去学习。总的来说，你过得很愉快，身心都在成长。也许在那里，你会逐渐发现自己真正的兴趣所在。

关于阿南德巴万的那些旧书，你有什么特别的用途吗？如果没有，可以继续放在那里，又没有什么危害。我有时会读一些旧书，旧书能勾起人们对过去的记忆和印象。虽然我喜欢旧书，但我更希望它们能发挥作用，而不是在一旁沉睡。如果有人或有地方需要它们，就送给他们吧。

　　我从花园的劳作中获得了很多乐趣。我焦急地等待种子发芽，看着嫩芽从土里探出头，感觉非常迷人。起初，土微微拱起，显然下面有什么东西在向上拱；之后，小小的嫩芽破土而出，勇敢地窥视着这个陌生而广阔的世界。芽长得很快，没过多久，就能在微风中轻轻摇动身体了。有的芽则如同匕首或剑一样刺穿大地。以前我没有意识到，植物的生长过程是如此神奇。在监狱的生活还让我发现了另外两件神奇的事：一到春天，榕树就会突然冒出叶子，树木的花会突然之间盛开。

　　我之前跟你说过的李花和桃花，现在已经见不到了，就连杜鹃花也褪去红衣，长出了绿色的叶子，变得成熟起来。在博瓦利医院还生长着一些爬藤植物。我以前常常在书中读到藤，但不知道它们长什么样子。现在我知道了，以后就不可能忘记了。

爱你的爸爸

（本文选编自 1935 年 4 月 4 日尼赫鲁写给女儿英迪拉的信。）

正确
运用知识才能
从中受益

025

> 如果因为柏拉图或苏格拉底不能开火车，就认为火车司机比他们更先进或更高级，这无疑是荒谬的。

亲爱的女儿：

你知道，铁路、飞机、电、无线电等都是科学的产物。许多人用得理所当然，却从没想到这些先进的事物是从何而来的。人们认为一切本该如此，就像我们的合法权利一样。我们自豪于自己所处的先进时代，觉得自己和时代一样先进。

的确，如今的时代完全不同于以往，它更发达，这是事实。但这并不意味着，生活在今天的人就比古人更先进。如果因为柏拉图或苏格拉底不能开火车，就认为火车司机比他们更先进或更高级，这无疑是荒谬的。但如果说，由引擎驱动的火车比柏拉图时代的马车更先进，这种说法是正确的。

恐怕我不得不这么说，虽然今天的我们读过很多书，但大多数想法仍是愚蠢和肤浅的。过去的人们读的书虽然不多，但人们深刻地领会了书中的精髓。斯宾诺莎是17 世纪居住在阿姆斯特丹的一位伟大的欧洲哲学家，他学识渊博，富有智慧，但据说他的藏书不到六十卷。因此，我们应该认识到，虽然世界上的知识有了显著的增长，但这并不意味着人们变得更好或更聪明了。

我们必须知道如何正确地运用知识，才能从知识中受益。在我们开着一辆先进的好车出发之前，我们必须要先清楚自己要去哪儿。也就是说，我们必须对自己的人生目标或志向有一个清晰的认识。

今天的许多人没有这个概念，也从不担心。他们生活在一个科学的时代，但他们的思想和行为却不符合时代的要求，困难和矛盾自然会出现。聪明的猴子可以学会开车，但绝不能被认为是可靠的司机。为了使知识发挥其价值，我们必须学会正确地运用知识。

爱你的爸爸

（本文选编自 1935 年 4 月 4 日尼赫鲁写给女儿英迪拉的信。）

有天赋,
更要努力
精通

026

我对那些浅尝辄止的人充满怀疑。

亲爱的女儿：

爸爸很高兴得知你的德语有了很大的进步。你显然很有语言天赋，但这不是爸爸遗传给你的。德语很优美，德意志民族也是优秀的民族。他们勇敢、勤奋、自律、好学。但是——凡事总有但是——我希望你能学习德国人的优点，避开他们的缺点。法国人的头脑灵活性更高，他们更聪明，理解力更强，也更可取。

既然你对语言有明显的倾向，就应该继续学习，直到精通。印度缺乏语言学家，而我们需要语言学家。学不好语言是我隐秘的烦恼之一，我在法语和德语上付出了很多努力，但是结果和努力不成正比。我曾经对我童年时的老师很不满，因为他本可以在合适的年纪教会我法语。他的妈妈是法国人，精通法语。如果我在那时学习法语，就能很快且很自然地掌握它，但是我错过了时机。我后来学习德语时，在语法方面颇下了一番功夫。理论上，我应该能够自由地阅读和写作，但实际上，我所学的大部分东西似乎都忘了，甚至连简单的德语书都看不懂。但我认为我所

有的努力都不会白费，它们可能模糊地潜藏在大脑皮层的某个地方，在真正需要的时候可能会被重新发现。

总之，我显然没有语言天赋，所以我羡慕那些成为语言学家的人。我对那些浅尝辄止的人充满怀疑，他们哪种语言都能说上几句，但没掌握其中任何一种。我认为这样很肤浅，没有深度。

我同意纳努的建议（或者是你的想法），你可以在其他地方学习俄语。俄语是我们邻国的语言，它是非常重要的，在未来也许更加重要。俄国的古典文学辉煌夺目，新文学也取得了巨大成就。在将来的某个时候，我希望你能去那里接受一些教育，那里有发达的教育和科学的教育理念。懂俄语自然更有优势。我喜欢他们的地方在于，他们努力培养手、脑、心和谐发展的人，培养全面的、有个性的人，而不是片面的、不快乐的、容易生气的人。

　　我还住在一个小帐篷里，帐篷外雨下个不停。你在信中讲的蚱蜢和愤怒的小鸟的故事让我想起了类似的事情。有一天，我抓到了一只大蜈蚣，我很担心该怎么处理它。突然，来了一只椋鸟，一口把它吞了，就这么突然结束了我脑子里的争论。

　　希望你的感冒已经好了，身体已经恢复健康了。

　　　　　爱你的爸爸

（本文选编自 1935 年 8 月 2 日尼赫鲁写给女儿英迪拉的信。）

在拜访
有魅力的人之前，
自己也要有学识

学习一门语言最好能持续，从哪里中断了，就从哪里接上，可以少花一点儿时间，但不要放弃。

亲爱的女儿：

关于德语的问题，我给你写过信。你可以咨询赫默林小姐，然后做出你认为正确的决定。我不清楚你们学校的教学情况，很难给出好的建议。但一般来说，学习一门语言最好能持续，从哪里中断了，就从哪里接上，可以少花一点儿时间，但不要放弃。这是我笼统的看法，但还是要看具体情况，你可以和赫默林小姐商量一下。

伦敦方面给我寄来了一份临时访问日程。日程安排很满，任务也比上一个重，但日程安排得更科学，所以更容易完成。我可能得见几个作家，如果你能见到他们，那就太好了，因为他们每个人都很有学识，受过良好的教育。将来你会有很多机会见他们，但在拜访有魅力的人之前，自己也要有学识，懂得其他方面的知识。交谈双方不应该只有一方满腹学识。

爱你的爸爸

（本文选编自 1936 年 1 月 15 日尼赫鲁写给女儿英迪拉的信。）

通过实证

028

发现真理，而不是

听谁讲过

> 科学通过实验发现真理，而不是因为听谁说过就接受事实。

亲爱的女儿：

　　得知你在学化学，我很高兴。我在剑桥的主修课程是化学，还有生物和植物学等其他课程。那是很久以前的事，恐怕我也不记得了。然而，学习科学可以对一个人产生巨大的影响。我很感激科学在生活中给予我的帮助，这种帮助主要在于科学提供的训练和在学习科学的过程中所形成的世界观。正是因为早期的训练和世界观，我才给你写了那些信，后来它们都被发表了。

　　我很高兴你学科学。现代生活中的一切几乎都是以科学为基础的，如果一个人不了解科学，难免在现实世界中感到茫然无措。科学实际上来自一场场实验，科学通过实验发现真理，而不是因为听谁说过就接受事实。

　　你来的时候能带上《学生大纲》吗？我想让你妈妈看看，如果你还没看过，也可以看看。我非常喜欢这本书，我曾经给过巴罗一本，佐拉一本。你也可以把《地理》带给妈妈看，记得把书的封面拿下来，最好把它送给学校。

　　寄去我所有的爱。亲爱的女儿，我非常期待见到你。

爱你的爸爸

（本文选编自 1933 年 4 月 3 日尼赫鲁写给女儿英迪拉的信。）

不一定
非要继续学习
弱项

029

你似乎不太擅长拉丁文，再继续学习下去是荒唐的。

亲爱的女儿：

　　你似乎不太擅长拉丁文，再继续学习下去是荒唐的。这次考试结束之后，别再参加拉丁文考试了。这次没有通过不要紧，因为学期结束就可以顺利通过。这个学期你可能会因为这件事承受额外的负担，我觉得很遗憾。不过，幸运的是，这个学期时间较短，很快你就能放下这个重担了。

　　　　　　　　　　　　　　　　　　爱你的爸爸

　　　　（本文选编自 1938 年 4 月 30 日尼赫鲁写给女儿英迪拉的信。）

尽可能
丰富自己

我亲爱的女儿啊，除了你所拥有的，我还能给你什么呢？

亲爱的女儿：

自从我上次给你写信之后，已经过去很长时间了——十天，也许更长。我已经好几天没有你的消息了，我希望你一切顺利。雪山的美景和寒冷的空气会让你充满活力和朝气，我仿佛也从中感受到了快乐，就像我和你一起在山上，聊着应该怎样去欣赏这美丽的风景。

我拒绝了许多邀请，但生活就像一张大网，把我困在里面，我成了网中的俘虏。我曾希望在一月份的上半月能有一点儿自由，但现在看来情况不允许了。

在孟买，我担任了计划委员会主席，这次经历对我来说很新奇。很多人都参与其中，企业家、教授、经济学家、科学家、政府部长，等等，我对此感到陌生，因而比参加其他活动更累。但我很感兴趣，也从中获得了很多灵感。不管计划委员会能达成什么结果，它都增加了我的学识。虽然我已经老了，但我仍然喜欢通过学习来丰富自己的头脑。当我老了，失去了力量和活力，那时我会充满智慧。但如果失去了行动的力量，这种智慧又有什么用呢？

年轻时有智慧，年老时能行动，那该有多好啊。

很多年前我就梦想着，等你长大后，也能在印度的公共事业中勇敢地发挥作用，肩负起这个重任，为建设我们梦想中的印度贡献力量。为了这个沉重的任务，我要训练和培养你的身体和智力。但现在我不确定了，我还应该期望你像我一样，去承受其中的痛苦和精神折磨吗？

然而，我们不可能也不能逃避这种责任。对我们来说，没有藏身之所……但我又为了什么，要鼓励我亲爱的人去从事这令人悲伤的事业呢？

我在给你写什么？写一些让你感到沮丧而不是快乐的东西。这是发烧导致大脑混乱的结果，这一切很快就会过去的，我会给你写一些让你开心的事。

向贝蒂和孩子们问好。我亲爱的女儿啊，除了你所拥有的，我还能给你什么呢？

爱你的爸爸

（本文选编自 1938 年 12 月 22 日尼赫鲁写给女儿英迪拉的信。）

考试只是
适应的问题

031

> 如果不适应，考试时你就会感到焦虑和慌张，甚至连本来会的问题也答不上。

亲爱的女儿：

我收到了你的信。你写信时，不必费心记录确切的日期。每两周给我写一封信就好，时间到了信就会送到我手上，我收到后会给你回信。

我相信，当你得知我改变主意，同意你参加初试时，一定会大吃一惊。我必须为这一变化表示歉意，因为你来看我的时候，我们几乎没有谈过这个话题。

我不喜欢入学考试，只是因为这些考试主要是针对某些大学举行的，我对那些大学不感兴趣，但瓦齐尔先生的信让我改变了主意。他在信中说，你的许多同学正在准备这个考试。我想，你和同学们有一个共同的目标，一起学习是件快乐的事，一个人做事很容易感到厌倦。准备入学考试不仅不会影响以后的剑桥考试，而且会很有帮助。你知道，考试是很可笑的。如果不适应，考试时你就会感到焦虑和慌张，甚至连本来会的问题也答不上。这只是适应的问题，这一点我无须为你担心。瓦齐尔先生建议你参加。我也相信，像入学考试这样简单的考试，会帮助你适应以后的剑桥高级考试，让你更自如地应对，所以我改变主意了。

从瓦齐尔先生的信中，我知道了你想要参加入学考试，顺便问一下，考试什么时候进行？我知道你想要个单独的地方学习，我同意。人有时想要独处。在人群中学习是不容易的，我希望能够安排。

你读的是私立学校，私立学校介于家庭和普通学校之间，有普通学校不具备的优点，也有缺点。优点是你可以得到更多的关心和照顾，在一种家庭式的氛围中学习和生活，这很好。我很高兴得知，你和朋友们受到了很好的照顾。

但同时，私立学校的缺点是同龄人较少。学校本身就是一个世界，这是在为你进入下一个更广阔的世界做准备。现在你可能常常感到封闭，希望能有更多的同伴，但是很快你就可以上大学了。我相信无论你走到哪里，都会有很多朋友。目前，学校的课业只剩下一年了。参加完剑桥高级考试后，你自然会在一个更广阔的世界里学习。一年时间不是很长，希望你能好好利用它，为明年进入更大的世界做好心理和身体上的准备。

我猜你正在上法语课。你怎么去上课，步行还是骑自行车？如果教室离你有一段距离，骑自行车可能更方便。爸爸可以安排，请人在孟买给你买一辆自行车。你可能骑不惯自行车，但熟悉起来应该很快。你应该学会骑自行车。

　　知道你现在在学校团体中担任法官，我感到很有趣。如果你要做的事情不多，说明你们学校的学生一定很自律。

　　祝你野餐愉快。

　　　　　　　　　　　　　　　　爱你的爸爸

　　　　（本文选编自 1933 年 2 月 7 日尼赫鲁写给女儿英迪拉的信。）

032

考试

很重要，但

不是全部

> 你一定在忙着做作业和准备考试，
> 但我仍然认为你应该花点时间读点
> 别的东西。

亲爱的女儿：

我昨天给你寄了两本书。一本是童书《司图尔特》，希望这本小书不会伤害你长大了的自尊心。之所以把这本书寄给你，是因为我在某个地方看过，看完之后觉得非常好，好到可以和《爱丽丝历险记》相媲美。你知道，我一直很喜欢爱丽丝，所以我忍不住想把这本同样好的书送给你。它的风格非常不同，里面的许多画让人忍俊不禁。我希望它也能给你和你的朋友带来快乐。

另一本是萧伯纳的《圣女贞德》。你还记得在法国巴黎看过这部戏吗？一位矮小的俄罗斯女士扮演迷人的让娜。后来，我还看了一场英语演出，但我忘了你当时是否和我们在一起了。这部剧非常精彩，有些台词可能略显沉闷，但故事很伟大，值得多看。你一直很喜欢让娜，认为她是个女英雄。我相信你会喜欢这本书的。书中还包含另一个剧本，你可能不太喜欢，冗长的序言难免显得有些乏味。

你一定在忙着做作业和准备考试，但我仍然认为你应该花点时间读点别的东西，所以我才给你寄了这些书。

你妈妈写信告诉我，一位奥地利人愿意带你去维也纳上学。维也纳很好，是音乐之乡。维也纳人民是幸福的人民，但眼下维也纳正在经历可怕的时刻。你姑姑告诉我，一位德国的女士也很热心，希望安排你去德国读书。你看，除了爸爸妈妈，还有很多人在关心你以后的教育。也许不久之后，你就会去一个遥远的国家学习，给我们留下孤单和寂寞，但是长期的锻炼让我们做好了充分的准备。不管怎样，我们都可以承受。重要的是你能接受更好的教育，抓住每一个机会，为将来的工作打下良好的基础。我们怎么能为了每天都见到女儿，为了满足我们自私的幸福，而把你留在身边呢？

但这一切还是未来的事，现在还不用担心。目前，你要做好功课，通过考试，完成那些必须完成的事。

我希望你能写信告诉我你对未来的计划。你可能还记得，在最近的一封信中，我问你未来想做什么，对什么专业和工作感兴趣。随着你年龄的增长，我相信你的观点会有很大的变化。记得经常给我写信，告诉我你的小脑袋里在想什么。我会很高兴的。

爱你的爸爸

（本文选编自 1933 年 2 月 21 日尼赫鲁写给女儿英迪拉的信。）

033

不要
太用功，要保持
清醒

多学几个小时不一定有多大的区别。

亲爱的女儿：

这封信将在你考试之前到达。祝你好运。不要着急，不要太用功，要保持清醒，这才是迎接考试最好的方法。

多学几个小时不一定有多大的区别，但是疲劳还是清醒，结果则相去甚远。

爱你的爸爸

（本文选编自 1937 年 2 月 22 日尼赫鲁写给女儿英迪拉的信。）

不及格
不是一种
耻辱

因为过于看重考试而变得太乐观或太悲观，都是荒谬的。

亲爱的女儿：

　　我今天特别想你。想到你正承受着考试的重压，要经受七个小时煎熬，未来两天还要继续。这让我想起我曾经读过的一本书，书中一位中世纪的著名教授把考试与炼狱的痛苦相比，并得出结论说考试比炼狱更难熬。我不知道炼狱什么样，不能下断言，但我相信考试确实是一种折磨。

　　说到考试，它们的作用只是给人一种刺激，让大脑紧张起来，以保持大脑敏锐和清醒。但有时候，过度的压力只会让大脑更混乱，而不是更清晰。印度人非常重视通过考试，认为不及格是一种耻辱。事实上，现在的考试中考查的知识不一定有多大价值。考得好的人也可能是生活中的失败者，反之亦然。因为过于看重考试而变得太乐观或太悲观，都是荒谬的。当我们把智慧和精力投入其中时，当然要争取一个好结果，但不应该让我们的心失去平衡。

　　无论如何，当你收到这封信时，恼人的考试应该结束了——至少暂时结束了。我希望你能好好休息。上周，我通过牛津大学萨莫维尔学院的院长转发了一封信给你，希望你能收到。

爱你的爸爸

（本文选编自 1936 年 6 月 29 日尼赫鲁写给女儿英迪拉的信。）

肆

给
遭遇迷茫的
你

直面困难，
必要的话就
与之战斗

035

假装看不见问题和困难是愚蠢的。人可以像鸵鸟一样把头埋在沙子里，但问题不会自己消失。

亲爱的女儿：

我很高兴在过去的几个星期里多次见到你。虽然在监狱会面会让人难受，但我很感激这些小小的怜悯，对我来说它们就像荒漠中的绿洲。

我收到了你的照片，拍得不算太好，那张侧影还可以，但我也不是特别喜欢。显然，你拍照时不自然，被动地摆着姿势，努力假装微笑。假笑实在荒谬，这样做只会破坏照片。一个好的摄影师应该尽量让坐着的人意识不到自己在拍照，坐着的人也应该忘记这一点。我认为有必要让摄影师多拍几张，因为有几张像样的照片是好事。我们应该再给摄影师一次机会，否则对他来说不公平。你跟摄影师说，我想要一张全脸或四分之三脸部的特写，就像你在日内瓦拍的那张一样，我喜欢那张。

上次见面又像往常一样，我占用了大部分时间，把我认为好的建议统统倒给了你。但有时候，好建议太多也是有害的。我只是太急于想帮你，以至于有时会轻易地给出结论。这个世界并不总是幸福的，有各种各样的问题——

国际的、国家的、家庭的、个人的——围绕着我们，让我们感到不安。别人的经验虽然能帮我们解决某种程度的问题，但实际上大部分还是要靠我们自己。我想我也许能帮到你，所以有时就会在信中跟你谈起。

假装看不见问题和困难是愚蠢的。人可以像鸵鸟一样把头埋在沙子里，但问题不会自己消失。这个世界充满了矛盾和问题，我们必须正视它们，必要的话还要参与其中。但这并不是说，没有问题我们要制造问题，或者认为存在问题。这个世界已经有太多问题了，为什么还要加剧这一点呢？还有比这更愚蠢的做法吗？

然而，总有一些人，喜欢无理取闹，制造问题。因为没有得到足够的重视或认同，他们就愤怒不已。不是每个人都理应被重视，如果我们对别人的重视怀有过分的期待，就难免在以后的生活中承受痛苦。

我们不应成为精致而脆弱的瓷器。有时候，父母或老师假装严厉，实际上是在锻炼孩子，因为他们知道过度溺爱是有害的。孩子小的时候可能不懂，长大了就明白了。

要记住：面对问题时，逃避是没有价值、没有尊严的行为。直面问题，必要的话就与之战斗。

如果是想象中的问题，可以通过坦诚的交流来化解。一个人在一旁生闷气，任由不满的情绪潜滋暗长，那是软弱和愚蠢的，也最缺乏做人的品格。在跟别人讨论时，应该坦诚地告诉他们你所有的观点，并试着理解别人的观点。就算我们不同意对方的观点，仍可以通过坦诚的沟通消除误解，化解愤怒。尽管可能存在分歧，但我们仍可以接受对方好的意见，一起为共同的目标而努力。

爱你的爸爸

（本文选编自 1933 年 5 月 30 日尼赫鲁写给女儿英迪拉的信。）

036

只有愚蠢的人

才迁怒于

障碍物

被石头绊倒了，难道要跟石头发火？夜里看不见东西，难道要骂黑暗？

亲爱的女儿：

　　有许多事情值得我们愤怒，有许多事情与我们的努力背道而驰。我们是要把精力、体力和义愤浪费在生活琐事上，还是放在真正的大事上？为琐事而激动，我们就会失去尊严，显得廉价。我们决不能让自己在任何人面前或在任何场合显得廉价，也不能让自己变得可笑。

　　如果我们做得到这些，不论我们是否在意，世界都会承认和尊重我们。如果做不到，只能说明我们还有不足。有错误就要尽快改正，只有愚蠢的人才迁怒于障碍物。被石头绊倒了，难道要跟石头发火？夜里看不见东西，难道要骂黑暗？对待身边的人也是如此。不应该对他们责骂或生气，要试着去理解他人，努力与他人合作。当然，必要的话可以予以回击，但不要发脾气，也不要让自己失去控制。

　　现在还不是你必须面对世界上的重大问题的时候，你不必为此担心，我只是把这些事情写给你。年轻的时候，要远离负担和烦恼，让身心健康成长。即使在困境中，人也不应回避思考，这样才能快速成长。

萧伯纳曾写过一段话，非常吸引我。内容如下：

这才是生活中真正的快乐，被自己认可的强大目标所利用；在被扔进废品堆之前，就已经粉身碎骨。这才是本质的力量，而不是头脑发热、自私自利、病态、委屈，抱怨世界不愿意为自己创造幸福。

我希望你们能在穆索里度过愉快的三四天，回来的时候眼睛明亮，心情灿烂，面色红润！

再见，亲爱的。

爱你的爸爸

（本文选编自 1933 年 5 月 30 日尼赫鲁写给女儿英迪拉的信。）

勇敢

037

迎向风雨，风雨也会
变得友好

> 我蔑视风雨，迎向它们，只管往前走。然后，风雨似乎变得友好起来了。

亲爱的女儿：

听说你的眼睛出了问题。如果眼科医生说应该戴眼镜，那就戴吧。尽早采取保护措施，麻烦才会过去。危险常源于忽视。

你的姑姑在像你这么大的时候，也不得不戴眼镜，现在她已经很久没戴了。我的眼睛从来没出过问题。虽然我读了很多书，但我没戴过眼镜，可能是我的整体健康状况比较好的缘故。你可以定期用硼酸洗眼液清洗，再加一些玫瑰水，这样能让眼睛在夏天感觉清爽。

你知道我每天是怎么洗眼睛的吗？我喜欢打一盆干净的水，把脸浸在水里，睁开眼睛，朝各个方向转动眼球，从右到左，从左到右，画对角线和圆圈。这是很好的锻炼眼睛的方法。如果你长时间盯着一本书看，眼睛自然会累的。在干净的水中转动眼球可以迅速恢复，就像疲劳时伸展手臂一样。但如果你当着别人的面转动眼球，可能会被人怀疑你是否礼貌。

瓦齐尔先生写信跟我说，他给你推荐了几本司各特的书。你读过我去年给你的赫德森的《远方与往昔》吗？我认为这本书就像它的名字一样吸引人。

我很高兴得知你们学校有两个会说法语的双胞胎。语言是这样的：可以先学会说，再慢慢理解。其他的事不像语言。

博纳的雨跟德拉敦的雨不同，有点儿像英国的雨。德拉敦每天都下着倾盆大雨，人们甚至想知道这么多雨是从哪儿来的。有时大雨会下很久，人们不得不待在家里，感到十分厌倦，但听雨还是很愉快的。

温柔的雨，
轻轻地亲吻着大地和屋顶。
从一颗疲惫的心听来，
雨声就像歌声。

每当雨落在大地上，我就会想起保罗·魏尔伦的诗。但雨声并不总是温柔甜美的，它有时也很锋利，饱含愤怒，仿佛要用紧随其后的电闪雷鸣，将一切障碍都击个粉碎。

　　我每天都会散步，但最近受到了雨的影响。一天晚上，我决定不去管它，穿上雨衣冲出去了。雨势狂暴，风咆哮着，风雨打在我的身上，好像要把我击倒。但是我蔑视风雨，迎向它们，只管往前走。然后，风雨似乎变得友好起来了。我甚至感觉，它们是在抚摸我。

　　那个晚上和那种振奋的心情，我会永远记得。

　　　　　　　　　　　　爱你的爸爸

（本文选编自 1933 年 7 月 11 日尼赫鲁写给女儿英迪拉的信。）

永远不要
待在
舒适区里

038

安逸是微不足道的，人应该得到锻炼。

亲爱的女儿：

　　现在是独立日的前夜，我正坐在图书馆的书桌前给你写信。不知道下一次像这样被书包围着给你写信会是什么时候。我虽然没有时间读书，但仍喜欢书的陪伴。它们一排排地立在那里，里面装满了流传数千年的、令人仰望的智慧。在这个瞬息万变的世界里，它们静静地、无声地俯视着人类。即使只是离开书一会儿，我也会想念它们。

　　我非常喜欢圣蒂尼克坦，你妈妈也喜欢。我们认为如果你能在那里待上一年左右，会有很大的益处。那里不会让你感到安逸，但安逸是微不足道的，人应该得到锻炼。

　　那里的艺术系很好。如果你在那里学习绘画，也会很不错。艺术系的系主任是当今印度最好的画家之一，也是一位好老师。但这些都是不成熟的想法，等我们有时间再讨论吧。

　　还有个想法一直在我心上。我想让你了解印度不同面貌的人民。要是你去圣蒂尼克坦的话，可以学孟加拉语，这样就能更好地了解孟加拉人民。你已经懂一些古吉拉特语，可能还懂一点儿马拉地语。

我现在必须说再见了。让我用爱来结束这封信。你一直都拥有这份爱。

爱你的爸爸

（本文选编自 1934 年 1 月 25 日尼赫鲁写给女儿英迪拉的信。）

039

不要
做垂头丧气的
那种人

你应该养成独自承担责任的习惯。

亲爱的女儿:

　　我们在孟买的好朋友——他们是如此之多——待你们真是太好了。为了让你们在孟买的旅途中更加舒适,做了能想到的一切。这当然令人高兴,但有时我想,我们得到这么多的善意和帮助,也是很危险的,这会把我们惯坏。我们到哪里都会期望得到这样的待遇,并视一切为理所当然,一旦情形没有达到我们的预期,我们就会感到委屈和生气。像这样依赖别人是个坏习惯。等你们到了欧洲,就不能再期待得到这样的关怀和帮助了,这也是去欧洲的好处之一。

　　当我写这封信的时候,你们一定航行在远离陆地的阿拉伯海上。我希望这次航行风平浪静,远离季风,但与此同时,我又希望你——而不是你妈妈——能在海上体验一回季风。海面壮阔澎湃,波浪在船边翻腾,巨大的浪花冲击着甲板。暴雨来势汹汹,你可能看见远处连接海天的巨柱,海水是被这些柱子吸起来的。我还是个学生时,在阿拉伯海经历了两次季风。从亚丁到孟买,船上的大多数人都卧床不起，一路上都在呻吟，只有我和其他五六个人安然无恙，还能按时去餐厅吃饭。但去餐厅的路并不好走，我们必须扶着各种各样的东西才能前进，有时食物会滚满甲板。

就像你说的，妈妈和你会处理好一切，你当然应该这样做，因为你有责任维护家族的声誉。现在妈妈的身体状况已经顾不上其他了，所以大部分事情都应该由你来承担。不论是预订酒店房间、安排火车上的食宿，还是应对其他紧急的事情，我都希望你能对这些感兴趣。不要给马丹白先生增加太大的负担。你应该养成独自承担责任的习惯，否则将来会有麻烦的。你也应该关心一下金钱，多了解事情发展的情况，这样不管马丹白先生什么时候离开，你都可以独自应对。

亲爱的孩子，我不感到忧虑。我不是那种垂头丧气的人，恰恰相反，困难和逆境让我更加坚强。正是因为困难和逆境，生命才有了价值。无论面对什么工作，我都会尽最大的力量做好它。如果一件事我处理不好，就会另想他法。

在监狱里，我能做的事情很少，但我对小花园、花和种子产生了极大的兴趣，常常照料它们。雨神没有履行他的约定，这里已经两个月没下雨了。这反而激发了我的战斗精神，我与这种状况战斗，小心地使用我得到的每一滴水。虽然有一些小花苗已经干枯了，但总的来说，我还能勉力维持它们的生命。

　　因为监狱正在维修，所以我暂时住在一个小帐篷里。帐篷里中午很热，但我喜欢它。夜里繁星闪烁，我住在帐篷里，恍然如同自己在旅行。你们的旅程跨越海洋，但我的心灵之旅更伟大，它能带我到更远的地方。

　　　　　　　　　　　　　　　　爱你的爸爸

　　（本文选编自 1935 年 5 月 26 日尼赫鲁写给女儿英迪拉的信。）

做大事的人

040

注定要

承担更多

做大事的人，一定要面对更大的困难。

亲爱的女儿：

　　昨天我很想给你写信，争取赶上今天的空邮，但怎么努力也抽不出时间。每个地方都给我拟定了可怕的日程，好像我是一部机器。尽管如此，我的身体还好，嗓子没有更好，也没有更坏。

　　我每一天都在奔波，没有办法休息。在行进的途中，我们到达一个偏僻的村落，在那里，我看到一座门，名叫"英迪拉门"。它让我想起了你，想起了我们的家族。风暴和灾祸随时都会降临，不论你喜欢与否，你都无法摆脱。我们现在还无法享受悠闲的时光，更没有从风暴和灾祸中解脱出来。有些人注定要承担得更多，这就是你的未来。

　　由于家庭和其他方面的原因，你不得不挑起这沉重的负担。当它到来时，希望你已做好准备，能愉快地接受它，并以之为乐。做大事的人，一定要面对更大的困难。

爱你的爸爸

（本文选编自 1936 年 7 月 28 日尼赫鲁写给女儿英迪拉的信。）

关于取舍

选择
你感兴趣的
科目

041

不了解情况就给出建议是不明智的。

亲爱的女儿：

关于替代化学的科目，你可以咨询教授，选择你感兴趣的科目。逻辑是一门枯燥的学科，尽管它本身有助于我们的思考，但不推荐你选择。你知道我向来喜欢科学，我希望你至少继续学习一门科学。学习科学不仅仅是为了知识本身，更重要的是学习科学的方法，并将其运用在其他学科中。

对于附加科目的选择，没有必要询问我的意见，我离你太远了，不了解情况就给出建议是不明智的。

爱你的爸爸

（本文选编自 1934 年 11 月 12 日尼赫鲁写给女儿英迪拉的信。）

如果
你喜欢，那就
做对了

要忠于自己的兴趣。

亲爱的女儿：

　　我在一个叫卢姆丁的小站，收到了一沓从安拉阿巴德寄来的信，你的信也在里面。

　　我之前一直以为你选的是当代名人课，现在才知道你选的是历史。如果你更喜欢历史的话，那就做对了，要忠于自己的兴趣。科目虽然不同，但或多或少都会对你的阅读和思考产生影响。

　　我很惦记你头疼的毛病，我想最好还是应该去看医生。虽然我不认为吃药会带来多大帮助，但听听专家的建议总是有好处的。你可以先找当地的医生看看，等以后去伦敦时再找专家看看。

爱你的爸爸

（本文选编自 1937 年 12 月 5 日尼赫鲁写给女儿英迪拉的信。）

能
照顾好自己
是一种能力

> 从小我就培养她的独立性，让她将来无论走到哪里，都能照顾好自己，有信心、有勇气独自面对困难。

亲爱的女儿：

当我向包括许多部族在内的广大听众演讲时，突然想起了你。我开始跟大家讲起你。

我说，我只有一个女儿，她很小时，我就把她送到国外上学了。从小我就培养她的独立性，让她将来无论走到哪里，都能照顾好自己，有信心、有勇气独自面对困难。我把她送到印度偏远的地方去学习，让她更好地了解我国的人民和他们的语言。我想让她意识到，印度这片土地是多元的，更是融合的——这也是我对其他孩子的希望。后来，我把她送到了国外，让她了解广阔世界的另一面，了解世界上的其他问题，以便将来更好地为印度和印度人民服务。我希望印度的年轻人也能这样锻炼自己，成为真正有效率的、为自由而战的勇士。

我就是这样讲的。我又说，如果我的女儿碰巧像我所希望的那样，想一个人到边疆去，那我会毫不犹豫地同意她去。因为我相信她，她一定能照顾好自己，同时我也相信，边疆人民会像朋友一样对待她，像客人一样欢迎她。

现在我们来谈谈你的信。我很难就你的科目问题提出有价值的建议。就我个人而言，我倾向于政治、哲学和经济，但这没用，还是要你自己来做决定。当然，你也应该征求达比谢小姐和你导师的意见。

然而，请记住，一定要选择你真正有兴趣读、有兴趣练习的科目。真正重要的在于科目之外。

这让我想起了你的身体状况，不应该那么疲劳。为什么总是不舒服？有什么担心的吗？

你的老父亲本应该担心各种事，但事实上，我很少担心。即使我真的为一件事头疼，也不会太久，很快就会恢复到原来的状态。因为担心真的不值得，也没什么用，即使是为自己的身体担忧也是不好的。

保证充足的睡眠，再做些锻炼，这样无论你多么努力工作，都能应付。如果你觉得累，就不要做太多运动，做一两个简单的瑜伽动作有好处。试着每天做两到三次，每次几分钟，这可以极大地帮助你恢复精力。如果你还记得我是怎么做的，也可以试着做一些简单的呼吸练习。这不会花太多时间，但很有用。

爱你的爸爸

（本文选编自 1938 年 1 月 30 日尼赫鲁写给女儿英迪拉的信。）

伍

给

精神富足的

你

无论
遇到什么麻烦,
都要告诉爸爸

044

不然，要爸爸干什么？

亲爱的女儿：

为什么对一些小事感到烦恼？那不值得。烦恼会浪费能量，我们应该储备能量用来做大事。参加 3 月或 7 月的考试都不会影响什么。如果你急于参加 3 月份的考试，那就准备吧。

我很高兴你写信告诉了我这件事。无论什么时候，遇到任何麻烦，都应该告诉爸爸。不然，要爸爸干什么？

这都是些小事。我只是有一点儿担心，你在那里过得好像不太愉快。我想跟你说的是，健康和快乐都取决于心灵的状态，而不是其他。如果心灵的状态不正常，身体也不会健壮。如果心里常常感到烦恼，那么心灵的正常状态也很难培养了。

我知道你在那里没有几个年龄相仿的伙伴，但再过几个月，你就要进入一个更广阔的天地了，眼下只是为未来做的准备。

谢谢你寄来的照片。

爱你的爸爸

（本文选编自 1936 年 1 月 16 日尼赫鲁写给女儿英迪拉的信。）

045

你的
任务是
常常笑

> 爸爸什么都能承受，就是看不了你
> 那张气馁的小脸。

亲爱的女儿：

　　我正在读法文版的拜伦传记，书中对他在瑞士生活的描述很好。读着读着，似乎西庸城堡已经出现在我眼前，正午峰就在阳光下闪闪发光。

　　我仍然在坚持学习德语，在过去的六个星期里，我非常努力，取得了一些进步。但对于像我这样头发花白的人来说，学习一门新语言并不容易，这就是我希望你坚持学习法语的原因。

　　你还在锻炼吗？我非常喜欢豹式自由泳，希望有机会和你一起游泳。你必须记得锻炼身体，这样你才能变得挺拔、灵活、健康。我希望你能像喜马拉雅森林里的雪松一样，高大、修长、优雅，同时又健壮。

　　你已经决定了未来的职业，这很好。人必须有事业，不能浪费自己的生命，尤其是当你还有很多事情想做的时候。

　　有人告诉我，大约一个月后你就要放假了。如果你愿意，可以来这里看爸爸。亲爱的女儿，爸爸什么都能承受，就是看不了你那张气馁的小脸。所以，忘记忧伤，和你的朋友们出去玩吧！记住，你的任务是常常笑，变得胖一点儿。如果能听到这个消息，爸爸会很高兴的。

节日马上就要到了，新的一年就要开始了。祝你在新的一年里和未来很多年里，都能幸福快乐！

随信附上一首法文小诗。这是一百多年前一位叫阿诺尔特的诗人写的，描写一片叶子随风四处飘零。

叶子

小小的枯黄的叶子

从枝头飘落

你要去往哪里——我也无从知道

暴风雨摧折了老橡树

它是我唯一的依靠

从此，是托付于"西风"还是"北风"

从那天起

从森林到平原

从高山到峡谷

我随风游荡

没有抵抗，也不哭泣

我追随万物而去

去往玫瑰叶和月桂叶去的地方

是不是很美？再见，我亲爱的女儿。

爱你的爸爸

（本文选编自 1932 年 3 月 23 日尼赫鲁写给女儿英迪拉的信。）

046

心意

是

无价之宝

> 这件旧衣已经被磨破了，也算不上干净，但它是老人最珍贵的财产。

亲爱的女儿：

昨天收到你的信，很想给你回信。虽然白天很累，时间很晚了，但这都没什么，更大的困难是没有写字的笔了。我的三支自来水笔突然辜负了我，不知道什么缘故，包括那支陪伴了我七八年的，写下了《概览》和《自传》的老朋友。我不得不用别人的笔，老实说，不太好用。

我在边疆，这四天心情很好，甚至有些兴奋。天冷，但有阳光，是理想的天气。白天太阳当空，很热，但风又是冷的，有阴影的地方甚至冻得发抖。我喜欢在这样的天气下进行日光浴。我的食欲也很好。

在阿宝塔巴德，人们用雪柱组成门迎接我，我受到盛大的欢迎。一位老人在运动中失去了一切，房子也被军人烧毁了，但他却把自己温暖的大衣送给了我。这件旧衣已经被磨破了，也算不上干净，但它是老人最珍贵的财产，现在他却把它送给了我。它对我并没有多大用处，但这件礼物中所包含的心意却使它成为无价之宝。

一位东道主送给我几块布，那是妇女们亲手织的。一块给我，更好的一块给你。虽然粗糙，却是很好的布。

我想起远在牛津的你。不论你是否愿意，你都已无法卸掉名声带来的负担。正因为这名声，你得到很多素不相识的人的爱与祝福。你无法逃脱这名声，更无法逃脱其中包含的责任。甚至在我被关押时，这种束缚也远比铁镣对我的束缚严重得多。

北方的人民是伟大的人民。我们常常在文章中读到他们，因为不够了解，甚至把他们想象为凶恶野蛮的部落。但其实，他们是那么可敬和可爱。

用铅笔写真累。那么再见，我亲爱的孩子。

爱你的爸爸

（本文选编自 1932 年 3 月 23 日尼赫鲁写给女儿英迪拉的信。）

有时，
放手是
更深的爱

离去对于她来说，也许是一种解脱。

亲爱的女儿：

四天前我给你写了封简短的信。那天还没过完，死神就再一次降临在阿南德巴万。我们还没有从上一次的打击中恢复过来，又一次的打击从天而降。尽管没有任何人愿意，但该来的总会到来。我一直害怕你的祖母会瘫痪，遭受长时间的痛苦和折磨。然而不幸中的幸运是，她只遭受了短暂的痛苦，近六个小时她一直处于昏厥中，呼吸越发沉重，在凌晨四点四十五分停止了呼吸。

大批的人来到我们家，成千上万封信涌来。三天来各种活动持续不断，我们一直处在忙碌之中。我对这座房子感到陌生，我有时会下意识地来到母亲的房间，跟她道晚安，或跟她询问其他事情。后天，这里将完全沉寂下来了。大家都陆续离开了，我也会走的，我不喜欢一个人住在这里。

我们不得不寻求调整，适应新的方式。一代人离开了舞台，留给下一代人，这种事情总是在发生。我们家族中的上一代人已经完全离去了，现在我成了年长的人，也在渐渐衰老。阿南德巴万将变得很孤独。房子没变，但它空了，它会一直在那，直到新的精神填满它的房间和走廊。

在这里，我将遵守向你祖母许下的诺言，向你表达她的爱。但是，我怎么才能用言语表达出她对你的丰富而炽热的爱呢？还有她对儿子给予的全身心的爱？我不知道未来我们还能得到多少爱和关心，但过去无疑表明，我们在爱的方面是无比幸运的。

我的女儿，不要悲伤。祖母去得其时。这几年来，她已经瘦弱得不成样子，对于人生感到厌倦。离去对于她来说，也许是一种解脱。

爱你的爸爸

（本文选编自 1938 年 1 月 14 日尼赫鲁写给女儿英迪拉的信。）

造成
更大麻烦的节省
是愚蠢的

不要为了省钱而退而求其次。

亲爱的女儿:

知道你很注意自己的身体健康,我当然感到高兴。但一场感冒破坏了良好的局面,打乱了你的计划,这的确让人讨厌。我们可以从这件事中吸取教训,储备能量,增强抵抗力,下次我们就不会害怕这些外部侵袭了。我们能应对。总之,没必要着急,我们根据环境的变化来制订计划就好。世界环境不只现在在变,以后会变得更快。

你现在已经定下来去瑞士了吗?选哪家医院都可以,别担心钱。无论是住旅店还是公寓,最重要的是你能得到好一点儿的照顾,尽快恢复健康。我一向不喜欢医院,但是瑞士的医院,特别是劳里埃医生的医院,会像旅馆一样舒适。我担心你住在公寓里会吃不好,也会缺乏照顾。或者最好先去医院住一个月,然后再搬到公寓去。我只是建议。你可以在咨询医生后,自己做决定。

不要为了省钱而退而求其次。那样做不是真正的节省,如果身体恢复不好,未来还要在那里住更久。

爱你的爸爸

(本文选编自 1939 年 11 月 10 日尼赫鲁写给女儿英迪拉的信。)

049

真正的
资本是我们的
智力和能力

> 在这个瞬息万变的世界里，存在着各种可能性，谁也不知道几年甚至几个月后，我们的钱还能价值多少。

亲爱的女儿：

收到了你的电报。它很受欢迎，因为它带来了你的健康状况正在变好的好消息。

听说你圣诞节后才去瑞士，我有点惊讶。那里 11 月底的气候非常好，如果你要去，还是越早越好。

无论你去法语区还是德语区，都要去最吸引你的地方。不用担心费用问题，这是必要的投资。为了眼下省一点儿钱，导致将来更大的麻烦和开销，这种节省是愚蠢的。最佳选项是把一件事情做好，从中得到最大的利益。这就是为什么我建议你从一开始就住在医院，即使可能更贵一些，但这会缩短你在瑞士疗养的时间，帮助你更快地恢复。

我们从来没有为钱的问题而忧虑过，为什么现在要忧虑？爸爸可以轻易应付。如果收入不够，还可以用存的钱；如果存的钱也用完了，我们还有能力再赚。在这个瞬息万变的世界里，存在着各种可能性，谁也不知道几年甚至几个月后，我们的钱还能价值多少。真正的资本是我们的智力和工作的能力，这是谁都拿不走的。如果有必要，我们还可以削减开支，改变我们的生活方式，这也是一场有趣的冒险，可以为生活增添激情。但现在和较近的将来还不存在这个问题。钱的问题我从来不放在心上，对于挣钱的能力以及削减我本人的开销，我非常有信心，因此没什么可困扰的。

靠写作赚得体面的生活，对于我来说太容易了，但是我的志向并不在此。我的心血倾注在其他的事上，即使是写作，我也不是为了钱而写。因此，你不要担心去瑞士的开销。

健康起来，储蓄精力，成为身体的富翁，其余的都不要担心。

爱你的爸爸

（本文选编自 1939 年 11 月 16 日尼赫鲁写给女儿英迪拉的信。）

去自然中
感受生命的
和谐

050

如果所有人都能处在和谐状态，那该有多好啊！

亲爱的女儿：

  在过去的几个月里，我发生了一些改变，我的兴趣从智力活动转向了体力活动。住在帐篷里让我养成了运动的习惯，多云的天气总是吸引我到户外去。过去，我常常在晚上五点以后一个人在屋里看书，不关心其他事；现在，我会在院子里走一走，有时会带着铲子，照料我的植物。

  我一直像个学生一样，总是努力去学习、去理解，但这种努力主要是智力方面的。现在，我越来越倾向于感受自然中的动植物，我从自然中感受到了和谐。我注意到以前没注意到的小事，感受我周围脉动的生命。我注意到一株藤蔓植物敏感的尖芽，它是多么富有生机和活力！它看起来像动物，有时看起来几乎是邪恶的，甚至感觉就像一只小动物一样毛茸茸的，站起来寻找可以抓住的东西。它看起来就像一条蛇，有着蛇的圆鼻尖和小眼睛，或者它蜷缩着，像抓住了什么东西。我看了很着迷。

  对我来说，这是充满希望的信号。我还在成长，变得更有教养，生命更加和谐。如果所有人都能处在和谐状态，那该有多好啊！

三年前，一位非常伟大的人物去世了，尽管人们没怎么听过他的名字。他是苏格兰人，名叫帕特里克·格迪斯，是很多领域的天才。他甚至有一次来到安拉阿巴德，为那里的城市规划了一个方案。他是一位伟大的教育家，他强调的不是三个"R"，①而是三个"H"——心（Heart）、手（Hand）、脑（Head）。他希望孩子们在成长过程中对自然界和人类世界有第一手的了解，并发展出对生命、自然之美和人类思想的鉴赏力。

这种鉴赏力是没有受过污染的。教育孩子的第一步是通过他们的心灵和情感——对父母的爱意，感受新鲜空气，热爱阳光等。然后是发展"手"，随着孩子年龄的增长，他们会在花园里做一些体力活或手工艺品。最后才是"脑"。值得注意的是，经历了"心"和"手"的教育过程的孩子，智力发展得非常迅速，远远超过只从智力教育开始的孩子。更重要的是，这些孩子形成了与生命和自然和谐相处的完整人格，这与我们经常看到的争吵、不满、抱怨的类型截然相反。

格迪斯晚年在法国南部的蒙彼利埃创办了一所城市大学，招收各种类型的学生——博士生、硕士生和本科生。无论学生多么博学，第一课都是在花园里挖土，第二课是在登上瞭望塔或在散步时观看大海和乡村，然后才进入智力研究。

---

① 编者注：即读（Reading）、写（Writing）、算（Arithmetic）。

有时我安慰自己，我是在反向接受格迪斯的教育，努力培养更健全的人格。我自以为有一点儿高级趣味了，开始试着更多地强调"手"的作用。至于结果是否令人满意，就留给他人评价吧。

　　　　　　　　　　　　　　　爱你的爸爸

　　（本文选编自 1935 年 7 月 5 日尼赫鲁写给女儿英迪拉的信。）

不要
用现在的眼光
评判过去

如果我们在过去已经认识到了部分真理，那说明未来还有更多真理，等待着我们去追寻。

亲爱的女儿：

如果你对历史产生兴趣，感受到了历史的奇妙之处，你就会自己找大量的书来读，寻找串联起各个时代的线索，自己解开其中的谜团。但光读书是不够的，你必须带着同情和理解的眼光去看待过去，才能真正了解过去。

要想了解一位历史人物，你必须了解他身处的环境、他的生活状况和他的思想。用现在的情形和想法来评判一位历史人物，这种做法是非常荒谬的。比如，现今的世界彻底反对奴隶制，但在伟大的柏拉图看来，在那个时代，奴隶制是必要的。我们不能用现在的标准来看待历史，这是每个人都认同的观点。

反过来说，把过去的标准用于现在，也同样是荒谬的，但这一点却很少有人承认。尤其是过去的一些信仰和习俗，在它们诞生的时代和国家里，它们也许产生过积极的作用，但放在如今的背景下，却是不合时宜的。

如果你能带着理解的眼光去看待历史，你就会发现，枯燥的历史变得生动起来。你会看到，在不同的时代，不

同的地方，无数人行进在特定的历史轨迹上。他们跟我们不同，但又跟我们极其相似——同样拥有人类的美德，也同样拥有人类的弱点。

历史不是一场魔术表演，但对于那些能够洞察历史的人来说，历史拥有不可思议的魅力。我们看到伟大的帝国崛起又覆灭，从人们的记忆中消失了踪迹，直到那些孜孜以求的探险家把它们从黄沙深处挖掘出来，才重新进入人们的视野。那些帝国已经不复存在了，但那些奇妙的思想却至今仍充满生命力，发挥着深远的影响力。

我们从过去得到了丰厚的馈赠。我们今天所拥有的一切——文化、文明、科学以及对部分真理的了解，都源自历史的馈赠。我们的确应对过去承担义务，但这种责任或义务并不只限于过去，对未来也是如此。或许，对未来的责任比对过去的责任更重要。因为过去已经成为过去，我们无法改变；而未来还未到来，我们或许还能对它产生一些影响。如果我们在过去已经认识到了部分真理，那说明未来还有更多真理，等待着我们去追寻。我们必须挣脱过去的束缚，即使跌跌撞撞，也依然坚定地向着未来前行。

爱你的爸爸

（本文选编自 1934 年尼赫鲁写给女儿英迪拉的信，日期不详。）

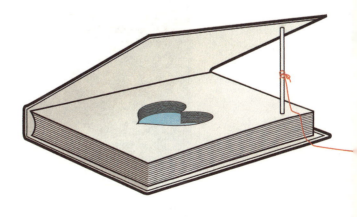

真正的
历史是关于人民的
历史

> 真正的历史不是关于零星的几个名人的，而是关于那个国家的所有人民的。

亲爱的女儿：

　　我曾在信中给你讲过很多历史名人的故事，他们是历史书里的主角，有着各自不同的经历，这些经历能帮助我们更多地了解他们所生活的时代。但是你要知道，历史不只记载伟人、国王或类似大人物的事迹。如果真是这样的话，那历史也许就不再是历史了。

　　那些曾经不可一世的君主们现在已经不复存在了，而真正伟大的人从不认为登上王座、取得桂冠或头衔之类的事可以用来炫耀。国王、贵族除了他们的身份、头衔和地位之外，其实并没有什么。他们只有穿上象征身份的华袍，才能掩盖其一无所有的本质。

　　然而遗憾的是，我们当中的很多人都被这些表象蒙蔽了，产生了一种错误的见解，认为戴着王冠的人就是高贵的人。事实上，他只不过是一位国王而已。真正的历史不是关于零星的几个名人的，而是关于那个国家的所有人民的。人民构成了国家，他们通过辛勤的劳动创造了生活的必需品和财富，他们以上千种不同的方式生活着，同时影

响着别人。

　　永远不要忘了，包含了千千万万普通人的历史，才是真正有吸引力的历史。

爱你的爸爸

（本文选编自 1934 年尼赫鲁写给女儿英迪拉的信，日期不详。）

给你

身心健康的

你

关于健康

不搞好身体 053
是一个人所犯的
重要过错

我希望你不要让自己变得如此虚弱。

亲爱的孩子：

　　我不知道你是回去了，还是仍然在这里。我想你应该是回去了吧。在学期中途往返两个星期，打断了连续的课业，影响了你在圣蒂尼克坦的平静心情，我明白这种感受，因为我正在不同的环境里经历着相同的事情。我也在重新适应环境，这需要一些时间。

　　我真的很高兴能在阿南德巴万停留十一天，看望你妈妈，和你待一段时间。这个插曲使我感到振奋。当我感到无聊或疲倦时，就有了可供回忆的东西。

　　看到你的身体那么虚弱，不能运动，我一点儿也不高兴，我很惊讶。我希望你不要让自己变得如此虚弱。我认为，不搞好身体，是一个人所犯的重要过错。

　　给爸爸写信吧，讲讲你在大学里的生活。希望你重新开始学习法语了。

爱你的爸爸

（本文选编自 1934 年 8 月 30 日尼赫鲁写给女儿英迪拉的信。）

有规律地
用脑，过好
集体生活

054

> 总是思考和谈论这里不舒服、那里不舒服，这是一种令人痛苦的习惯。

亲爱的女儿：

　　最近两周是空白的，没有收到你的信。但我收到了马丹白从柏林寄来的两封信，他告诉我，你并不像那棵绿色的月桂树一样健康茁壮。据说是阑尾出了问题，可能需要切除。可怜的阑尾！但最新的消息说，它已经获得了"缓刑"，你可能正在吃补药。

　　我并不太喜欢你和医生的关系太亲密。当然，医生们都很优秀，我也很钦佩他们，但总的来说，我更习惯在专业上和他们保持距离。我认为，体外用药要比体内用药好一些。如果情况需要，当然要去看医生，甚至吃药、做手术。外科手术比吃药更吸引我，你应该对它取得的巨大进步有自己的看法。

　　以上都是题外话，你当然应该听医生的意见。如果他们坚持认为应该做手术，那就做吧，阑尾手术没什么好怕的。我在英国上学的时候，割阑尾是一件很流行的事，特别是社会上的女性，她们中有些人甚至非常健康，只是为了追求时尚而切除阑尾，这样做毫无必要，还会付出沉重的代价。现在可能没人会这么做了。阑尾手术很平常，有医学专家说，阑尾是一个无用的器官。还有一种理论认为，阑尾与我们的祖先类人猿的尾巴有着遥远的关系，它的存在是为了提醒我们不要忘了之前的样子。尾巴消失了，只留下无用的阑尾，大概几千年后它也会消失。

幸运的是，目前还没有迹象表明你非做手术不可，我很高兴。这种时尚没有什么可追求的。如果没有必要，最好不要在身上动刀子。我现在越来越觉得，健康来自内心，而不是外界。

健康来自对简单生活和活动规则的遵守，来自几乎忘记你的身体——不要像照料温室里的植物一样照料它。要让身体正常运转，当然应该照顾好它，但是没必要认为它是病态的，总是思考和谈论这里不舒服、那里不舒服。这是一种令人痛苦的习惯。如果你总是谈论它，你的身体一定会越来越差。我有时甚至觉得，除了必要的情况，谈论疾病应该受到法律的禁止。如果这样的法律在印度获得通过，我担心人们50%的谈话和闲聊主题将消失，许多中产阶级的舌头将打结。他们反复详细地讨论自己的痛苦和令人厌恶的疾病，这难道不可怕吗？

就你的身体而言，我相信，有规律地用脑，过好集体生活，比什么补药都有用。灵活地运用我们的头脑，和他人生活在一起，可以让我们脱离自己的小圈子，养成与人合作的习惯，在更广阔的范围内忘记狭隘的自我。这样我们自然会茁壮成长，健康也自然会来到我们身边。我坚信，思想的力量对身体健康起着重要作用。

如果你想在巴登威勒待上一段时间，为什么不趁这个便利的时机巩固一下德语，再提升一下法语呢？如果在巴登威勒不行，你可以去弗赖堡。学习一门新语言的最好方法就是像小孩子一样，在那种语言环境中成长。如果你能认识一个德国家庭，和他们交上朋友，你不仅能学习课程，还能融入他们，听他们交谈。这样的友谊有很多益处，你还有了可以一起散步的同伴。了解一个国家的最好方法是了解它的人民，并努力理解他们的思想。

不要自命不凡，要多交朋友。这是我们对自身所处国家的一种礼貌，它能给我们带来亲密的视角和友谊，帮助我们走出狭隘的民族自我。

爱你的爸爸

（本文选编自 1935 年 7 月 5 日尼赫鲁写给女儿英迪拉的信。）

健康

来自内心

055

> 我相信，心里想健康的人才会健康，心里总想着生病的人一定会生病。

亲爱的女儿：

　　我对你的身体状况不太满意。马丹白先生在信中告诉我，医生认为你的身体没有太大的问题，但不是特别健康。你不能总是感觉自己虚弱、头疼或不舒服，不然你的身体和智力发展都可能会受到影响。

　　我不太认同病恹恹的态度，也不赞同那些动不动就说自己有病的人。我在上一封信中跟你说过，印度有很多人总是喜欢谈论自己的病，而我恰恰相反。我不喜欢那样，我觉得那很不得体，我也不同情那些故意沉溺于痛苦的人。

　　这可能跟我年轻时的经历有关。除了童年时生过一些病，我的身体一直很健壮。在哈罗、剑桥和伦敦的学习和生活中，我从来没有因为生病而躺在床上。我在哈罗只看过一次医生，还是因为我在踢足球时弄伤了小腿。我只专注于正常的生活，没有特别关注我的身体。我鄙视那些动不动就抱病，或者生点儿小病就抱怨个不停的人。许多印度人喜欢谈论自己的病，身处在他们中间对我来说是一种折磨。我没法对这个话题感兴趣，健康的身体让我变得自负。我相信，心里想健康的人才会健康，心里总想着生病的人一定会生病。

这些年，我在印度做了大量的体力工作和脑力工作，身体承受了很重的负担。但不得不说，我的身体机能还算正常。然而，在过去的四五年里，我对自己的身体没那么自负和自信了，尤其是在得了胸膜炎之后。但我仍然坚信，正是因为我一直身体健康，生活习惯良好，这个病才没有那么严重。要是换作一个不太健康的人，或者不像我这么讨厌疾病的人，情况可能会更糟。即使是现在，我也有信心能够控制它，并在未来很长一段时间内保持正常。

我不希望你过分担心身体的小毛病，变成一个病恹恹的人。有点儿小病不算什么，但同时也不能完全无视它，以免破坏身体的活力。你应该听从医生们给出的好建议。但我个人认为，健康的环境和健康的生活习惯更重要。生活在良好的环境中，吃合适的食物，做些运动，在智力活动或其他活动中投入全部的精力，不要总是思虑身体。凡事都不要过度，疲劳也是如此。

你现在不必担心考试，甚至不必担心正常的课程。你的首要任务是熟悉语言环境，增强体质，等你有余力的时候再做其他事。我不喜欢考试，也不相信通过考试就能完成真正的教育。虽然你不得不面对考试，但不必把它神圣化。现在不要担心考试，先提高你的语言水平。你也可以向别人寻求建议，问问赫默林小姐，然后自己做决定。

巴登现在正处于一年中最好的季节。两三天前的夜空中已经有了圆月，月光吸引我走出帐篷。我望着月亮，它在夜空中时隐时现，一会儿穿过云层，一会儿出现在云层的缝隙或边缘，它静静地望着我，好像在跟我捉迷藏。有时它似乎离我很近，照亮了我的眼睛；有时它似乎离我很远，被一层朦胧的黑暗笼罩着——这多像一场奇妙的游戏。月光下，监狱的高墙似乎被软化了，一切都变得空灵而梦幻。

我想起了你，不知道你是否也望着同一轮古老的月亮，享受着美丽的月光？然而，这是一个多么愚蠢的想法，我这里是晚上，你那里刚刚下午。太阳还在明亮地照耀着，月亮和星星还在幕后，等待着夜晚的来临。

爱你的爸爸

（本文选编自 1935 年 7 月 19 日尼赫鲁写给女儿英迪拉的信。）

真正的
休息

> 就算走不远，也尽量在一个好一点儿的环境中，得到真正的休息。

亲爱的女儿：

我现在在印度的东北部。我们之间的距离比平时还要远。几天后，我差不多就能到达缅甸的边界了。

我一直惦记着一件事。你写信给我说，要去伦敦过圣诞节。我不认为这是个好主意。那时你的考试应该结束了，即使没结束，你也需要一个能让你变得更健康的假期。

我相信做些冬季运动比什么都有益。良好的身体有助于大脑的运转，你去年的经历已经证明了这一点。我希望你能去一个冬季度假胜地休息一段时间，就算走不远，也尽量在一个好一点儿的环境中，得到真正的休息。你在伦敦休息不好，回到牛津会更累的。不要担心多花钱。

爱你的爸爸

（本文选编自 1937 年 11 月 27 日尼赫鲁写给女儿英迪拉的信。）

足够的
休息和锻炼才能保证
健康和聪明

> 努力学习是不会损害人的身体的，但要保持健康和聪明，应该保证足够的休息和锻炼，这两项是基本的。

亲爱的女儿：

我收到了你的信。

你现在很努力，努力学习是不会损害人的身体的，但要保持健康和聪明，应该保证足够的休息和锻炼，这两项是基本的。希望你不要放弃锻炼。游泳是最理想的运动，但是你告诉我，因为有人溺水了，所以现在不能游泳。在沙滩上跑步或散步也可以，尽管散步可能没什么乐趣，又要多费些时间。

你还记得吧，我之前在伦敦博物馆买了很多动植物、石头、水晶的卡片。它们本来是教学用具，在这里的图书馆也闲置很多年了。我讨厌这样的浪费，所以这次用包裹寄给你，我相信你会喜欢翻阅的。如果你想把它们送给学校，也是一件好事，这样所有的孩子都能看得到了。

不知道你有没有好的地图集，我在这里找到一本很好的地图集，如果你喜欢，我可以寄给你。

爱你的爸爸

（本文选编自 1933 年 11 月 23 日尼赫鲁写给女儿英迪拉的信。）

不要
让眼睛
太疲劳

让眼睛变得清洁，得到休息。

亲爱的女儿：

我刚刚收到你 9 月 28 日的来信，很高兴得知你的眼睛状况比我想象的要好，但还是要好好爱护它们，不要在人造光下过度用眼。如果是夏天，我会建议你早睡早起，但冬天没有多大用处。

我以前告诉过你，可以每天做简单的眼保健操，你还记得吗？这样的练习有很多种，我想你能找到的。有两套方法对我来说很有用。

早上，用冷水洗眼睛：要把双眼完全浸没在干净的水中，睁开眼睛，向上、下、左、右和对角线方向转动眼球。晚上睡觉前用温水再做一次。这会缓解视疲劳，让眼睛变得清洁，得到休息。

还可以闭上眼睛，双手画圆形，轻轻按摩眼睛，也可以涂一点儿油膏。这样的按摩在一天中的任何时候都有效。当你感到疲倦时，这些方法会让你精神一点儿。

爱你的爸爸

（本文选编自 1939 年 10 月 10 日尼赫鲁写给女儿英迪拉的信。）

关键在于做，

059

而不是
过分地做

运动后觉得精神饱满才是适宜的。

亲爱的女儿：

我在上一封信中说，很难想象你要在苏黎世或瑞士的某所大学待好几年，我的意思是说，不希望你只在一个地方接受教育。我过去是这么想的，现在仍然觉得，你在英国的大学学习一段时间会让你在很多方面受益，但只在英国的某一所大学学习，恐怕难免会以"英国式"的视角去看待生活和事物，从而忽视了其他观点。如果只在瑞士的某所大学读书，也会产生相同的困境。想要做到兼而有之，这不是件容易的事。

你可能还记得，在博瓦利时，我曾提过去牛津的可能性。那时我考虑，你在大陆的某所学校读一年左右，就可以转到牛津。太早进入像牛津和剑桥这样的大学我也不赞成。我自己就入学得太早了，当时还不到十八岁。我认为十九或二十岁是比较好的，可以更好地利用得到的机会。剑桥和牛津相比，我稍稍倾向于牛津，我认为那里的经济学院更好些。伦敦还有一所大学——伦敦政治经济学院，那里的地方经济学很有名。然而比起伦敦，我更喜欢牛津的生活，我相信你也会的。

　　出于这些考虑，我才告诉你现在不必为瑞士大学的入学考试担心。这会给你带来不必要的负担。你可以不参加考试，选择任何你想听的课程，现在更重要的是要增进你的语言知识，法语、德语，可能的话，也包括俄语。

　　希望你的身体健壮起来。散步和游泳是很好的运动。游泳可能是最好的，它能更全面地锻炼身体的各个部分。但也要游得足够才行，太小的泳池无法进行真正意义上的游泳，人很可能因为懒惰就不去游了。除了户外活动，我还希望你能坚持做些瑜伽，其中有些动作对于肩、背、头和眼睛都有好处。背部是很重要的，健壮、柔韧的背部不仅有助于健康，而且能保持优美的体型。游泳对背部有好处，但你可能并不总是有游泳的条件。因此做些瑜伽，进行一些混合运动和伸展运动，每次十分钟左右，会让你感到柔韧舒适。你的背部算不上强壮，趁现在年纪小很容易通过练习而变得柔韧，如果不注意的话，随着年龄的增长就会变得僵硬。

　　但这些室内运动我不建议你多做，如果喜欢的话，就每天坚持做几分钟，不要花太多时间。记住，不要拉伤肌肉或感到疲劳。关键在于做，而不是过分地做，运动后觉得精神饱满才是适宜的。如果感到疲毫，那或许是你、或许是这项运动有问题，或许是做过了头。开始时只做半分钟，看看感觉如何。除此之外要坚持游泳。如果有机会，可以打打网球。

爱你的爸爸

（本文选编自 1935 年 8 月 16 日尼赫鲁写给女儿英迪拉的信。）

真正的困难

是好一点儿了就

放松警惕

> **不能总是疲劳或是生病，以这样的状况去度过人生，真是不堪设想。**

亲爱的女儿：

　　希望你已经收拾好行李，不至于太累。恐怕在安拉阿巴德，你没有得到我们所希望的那么多的休息。你可能意识到，要毫不动摇地强健身体，并不是件容易的事。一定要有条理地坚持下去。真正的困难是感觉好一点儿了就放松警惕。这样以后动不动就会感到疲劳，一定要克服这一点。不能总是疲劳或是生病，以这样的状况去度过人生，真是不堪设想。

　　因此，我希望你调动起自己的意志力和决心，尽快恢复健康，在阿尔莫拉好好调养一段时间。前两天有必要完全卧床休息，后三天可以出去散散步，上午和晚上休息时间长一些，其余时间躺着或坐着，不要在山上爬上爬下。这些天最好在小花园里散步，我想你会有这么一个小花园的，等感觉好一点儿时再出去。

　　无论如何一定要记住：早、晚各量一次体温；下午休息三个小时，饭前饭后再休息一会儿；如果感到疲劳，就延长休息时间，体温上升时，也要多休息。

    我记得你的房子位于卡里路旁，风景很好，可以欣赏雪景。我相信你在那里会好起来的。注意不要着凉，穿好衣服，盖好被子。

                                            爱你的爸爸

（本文选编自 1938 年 12 月 10 日尼赫鲁写给女儿英迪拉的信。）

Hello

女孩那些
重要的事
全二册

爸爸
写给女儿的信
学识篇

［印］贾瓦哈拉尔·尼赫鲁 著

卷石 编译

时代文艺出版社
SHIDAI WENYI CHUBANSHE

自序

　　这些信是在 1928 年夏天，写给我的女儿英迪拉的。当时她在喜马拉雅山的穆索里，而我在下面的平原上。它们是写给一个十岁小女孩的私人信件，但我的朋友们认为，信中有些内容很有价值，建议我把它们展示给更多的人。我很重视朋友们的建议，但我不知道其他男孩和女孩是否会欣赏它们。

　　我希望，孩子们读了这些信之后，能慢慢开始意识到，我们的世界就像一个由许多国家组成的大家庭。我还希望——尽管我对此并不自信——他们在阅读这些信件时，能感受到我写信时的一点儿快乐。

　　这些信是突然终止的。1928 年的漫长夏日结束了，英迪拉不得不从山上下来。而 1929 年的夏天，她没有再去穆索里或其他山村避暑。最后三封信是在另一个新时期写成的，有些格格不入。但我还是把它们收录进了这本书里。因为我很难有机会把它们继续写下去了。

　　我承认，由于这些信是用英文写成的，它们传播的范围会很有限。这完全是我的错。我现在只能通过翻译来弥补了。印度语译本正在准备中，如果一切顺利的话，不久就将与大家见面了。

贾瓦哈拉尔·尼赫鲁

1929 年 11 月于安拉阿巴德

目录 CONTENTS 女孩那些重要的事·学识篇

目录 CONTENTS

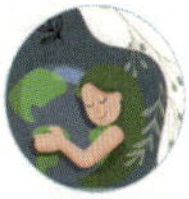

女孩那些重要的事·学识篇

如果我们想知道关于这个世界的故事，

我们一定要想到世界上所有国家

和生活在那里的所有人民，

而不是只关心我们出生、成长的这个国家。

大自然

是一本书

001

> 只要你知道怎样去阅读它，就能听见它告诉你的故事。

以前你和我在一起的时候，总是问我关于很多事情的问题，我也乐于给你解答。现在你在穆索里，我在安拉阿巴德，我们不能像之前那样谈天说地了。因此，我会不时地给你写信，讲一些关于地球以及地球上大大小小的许多国家的故事。

你已经读过一些关于英国和印度的历史。英国只是一个小岛国，印度虽然是个大的国家，但也只是地球表面的一小部分。如果我们想知道关于这个世界的故事，我们一定要想到世界上所有国家和生活在那里的所有人民，而不是只关心我们出生、成长的这个国家。

我怕我的这些信只能告诉你很少的事情，但即便很少，我也希望能引起你的兴趣，并让你知道，世界是一个整体。世界上的其他民族就像我们的兄弟姐妹。等你长大了，你将在书中读到地球和其他民族的更多故事，你会发现，它们比你读过的任何故事或小说都有趣。

你当然知道，我们的地球非常非常古老——有几十亿年那么老。在很长的一段时间里，地球上没有人类存在。

在人类出现以前，地球上只有动物；在更远古的时期，甚至连生物也没有。这对于今时今日的我们来说是难以想象的，因为现在的地球上充满了人和各种动物。但是科学家以及那些对这一问题进行了大量研究和思考的人们告诉我们，曾经有一段时期，地球是十分灼热的，不适宜任何生物生存。如果我们读他们的著作，并研究岩石和化石（古生物的遗存），我们就会知道，情形确实是这样的。

● 法国诺曼底附近海滩的燧石层

你是在书中读到的历史，但是在远古时期，人类尚不存在，自然也没有被写出来的书。那么，我们是从何得知当时发生的一切呢？我们不能只是坐在那儿幻想。当然，幻想是有趣的，因为我们可以幻想所有我们想要的东西，并因此形成美丽的童话故事。

虽然我们没有在远古时期写的书，但幸运的是，地球上存在着一些东西，就像书一样，能告诉我们很多事。岩石、山脉、大海、星星、河流、沙漠和古老的动物化石……这些都是讲述地球缘起故事的书。要想真正读懂地球的故事，不仅要读人们写的书，更要读这本伟大的"自然之书"。

我希望，你很快就能开始学习如何从岩石和山脉中读它们的故事。你想，这是多么迷人。你在路边或山坡上看到的一块小石子，可能就是大自然这本书中的一页。只要你知道怎样去阅读它，就能听见它告诉你的故事。

● 一颗圆形小燧石的切割面

要读懂任何一种语言——不论是印地语、乌尔都语还是英语——都必须学习它的字母。所以，你也得学习大自然的字母，这样才能读懂它用石头所记述的故事。

也许现在，你稍微能懂得如何读它了。如果你看见一颗圆圆的、光滑的小石子，它难道没有告诉你一些事吗？它是怎么变成现在这样子的，圆圆的、滑滑的、亮亮的，没有棱角和粗糙的边缘？如果你把一块大石头敲碎，你得到的每一颗小石子都将是粗糙的，有棱角和粗粝的边缘，不会像这颗小石子这么圆润光滑。那么，这颗小石子是如何变成圆圆的、滑滑的、亮亮的呢？如果你用心看，用心听，它将告诉你它的故事。

它将告诉你，很久很久以前，它曾是一小块石头，就像你从大石头上敲下来的小碎块，有着很多棱角。它也许住在半山腰上，然后下雨了，雨水把它冲进小山谷，山谷里的溪流推着它前进，一直来到小河边，小河把它带进大河。它一直在河底滚来滚去，棱角被磨掉，粗糙的表面变得光滑、圆润，就这样，它变成了你现在所看到的样子。

不知为何，河流丢下了它，而你捡到了它。如果河流继续带着它走，它会变得越来越小，直到变成一粒沙，和其他沙粒一起，在大海边汇聚成一片美丽的沙滩。小孩子们可以在沙滩上玩耍，用沙子建造城堡。

如果一块小石子能告诉你这么多故事，那么我们从岩石、山脉和周围很多别的东西中能学习到的，不是更多吗？

古代史
是怎样
写成的？

战争和杀戮，是人类所做的最愚蠢的事。

在昨天我给你写的信里，我说，我们可以从"大自然之书"里了解地球早期的故事。这本书里包含了你周围所能看到的一切：岩石、山脉、山谷、河流、大海和火山等。这本书常常展开在我们面前，但我们很少注意它或试图阅读它。如果我们知道如何去阅读并理解它，我们能获知很多有趣的故事。我们在它的石头书页上读到的故事，要比童话故事有趣得多。

从大自然这本书中，我们可以了解到地球上还没有人或动物存在时的那些遥远时光。如果我们继续读下去，我们将看到最初的动物出现了，然后是更多种类的动物，之后出现了男人和女人。但他们跟我们今日所看到的男人和女人大不相同。他们是野蛮人，和动物没有太大的区别。慢慢地，他们获得经验，开始思考。思想的力量使他们真正与动物区分开来。这是一种真正的力量，让人类比最大和最凶猛的动物更强大。

今天，你能看到一个小小的人，坐在一头高大的大象身上，让大象按照他的指令行动。大象的身形和力量，远

远超过坐在它身上的小小的人。但是人能够思考。正是因为如此，所以人成了主人，而大象成了奴仆。随着思想的进步，人变得越来越聪明，创造了很多东西。人们知道了该如何生火，如何耕种土地、生产食物，如何织布、穿衣，如何建造房屋。许多男人和女人居住在一起，形成了最初的城市。

在城市形成以前，人们常常从一个地方流浪到另一个地方，大抵是住在某种帐篷里。那时，他们还不知道如何在土地上种植粮食。他们没有稻米，没有做面包的麦子，也没有蔬菜。你今天吃的大多数东西，那时都不被人所知。也许有些人会吃些野生的坚果和水果，但多数情况下，他们还是以捕猎野兽为生。

随着城市的发展，人们学会了各种美丽的艺术，还学会了写字。但在很长一段时间，是没有可供书写的纸的。

人们常在糙皮桦——我想它在英语中叫作桦树——或棕榈树叶上写字。即使是现在，你仍然能在某些博物馆里，找到写在棕榈树叶上的整本古书。

后来有了纸，写起字来就容易多了。但当时还没发明印刷术，不能像现在一样能印刷出成千上万册书，那时只能一次写一本书，然后再费力地用手去抄。书当然不会有很多了，你也不可能到一个书店或旧书摊去买书，只能借一本书来抄写，而这是相当浪费时间的。

但是，那时的人们书写的字迹很秀丽，我们今天在图书馆里看到的许多书，曾经都是手抄的，那些书都写得很漂亮。特别是在印度，我们有梵文、波斯文及乌都文的古书，抄书的人经常在书页的两边画上美丽的花草和其他图案。

随着城市的发展，国家和民族逐渐形成。居住、生活在同一个国家的人们，自然能更好地互相了解。他们认为自己比其他国家的人更优秀，并非常愚蠢地和其他人发生战争。他们没有意识到——甚至现在的人们也没有意识到——战争和杀戮是人类所做的最愚蠢的事。这对任何人都没有好处。

为了了解这些古代的城市和国家的故事，我们有时会用到一些古书。但是古书并不多，其他的东西会帮助我们。古代的国王和皇帝常把他们的政绩记述于石碑或石柱上。纸书不能长存。纸张会烂掉，还会生蛀虫，而石头的寿命要长得多。

也许你还记得，在安拉阿巴德曾看到阿育王的巨大石柱，石柱上刻着阿育王的宣言。阿育王是千余年前统治印度的一位伟大的国王。如果你去勒克瑙的博物馆，你会看到许多刻着字的石碑。

● 刻着公告或法令的阿育王柱

研究各个国家的古老历史，我们会了解到很久以前中国和埃及所创造的伟大的奇迹，那时，欧洲还充斥着野蛮的部族。我们还将学习印度的伟大时代。当《罗摩衍那》和《摩诃婆罗多》被创作出来时，印度还是一个富裕而强大的国家。今天，我们的国家很穷弱，外国人统治着我们。即使在我们自己的国家，我们都没有自由，不能做我们想做的事。但事情不会一直如此。只要我们努力，我们就会使我们的国家再获自由，使我们可以改变贫穷的命运，使印度像欧洲的一些国家一样，成为舒适宜居的地方。

　　在下一封信里，我将从头开始讲述关于地球的迷人故事。

地球的

形成

> 尽管地球对我们来说很大，但它悬在太空中，就像一粒尘埃。

你知道，地球绕着太阳转，月亮绕着地球转。你大概还知道，还有其他几个天体，像地球一样绕着太阳转。这些天体，包括我们的地球，都被称为太阳的行星。月球被称为地球的卫星，因为它依附于地球。其他行星也有自己的卫星。太阳和有卫星的行星成了一个幸福的家庭，这就是所谓的太阳系（solar system）。"solar"的意思是"太阳的"，太阳是所有行星的父亲，这一整个家庭被称为太阳系。

夜里，你会看见天空中有无数颗星星，其中只有少数是行星。你能区别行星和恒星吗？行星——例如我们的地球——与恒星相比，实际上很小。它们在天空中看起来更大，是因为它们离我们更近。就像实际上很小的月亮，因为它十分接近我们，所以看起来是这么大。

区分恒星和行星的有效方法是观察它们是否闪烁。恒星闪烁，行星不闪烁。这是因为行星只有得到太阳的光才能发光。我们在行星或月亮上看到的光都是太阳光。真正的恒星，就像我们的太阳，它们自己能发光，因为它们十

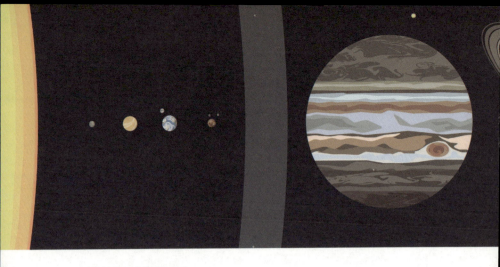

分灼热并燃烧着。

　　实际上，我们的太阳本身就是一颗恒星，它距离我们更近，因此看起来更大。在我们看来，它就像一个巨大的火球。

　　我们的地球属于太阳的家族——太阳系。在我们看来，地球是很大的，尤其是和渺小的我们相比，地球是那么大。从一个地方到另一个地方，即便是坐着高速火车或轮船，也需要几周甚至几个月的时间。尽管地球对我们来说很大，但它悬在太空中，就像一粒尘埃。太阳在数百万英里之外，其他恒星则更加遥远。

　　天文学家——那些研究星星的人——告诉我们，很久很久以前，地球和所有的行星都是太阳的一部分。那时的太阳就像现在，是一团燃烧的物质，热得可怕。不知怎么，太阳的一小部分松脱了，它们飞向宇宙中，但它们不能完全摆脱太阳父亲，就像有一根绳子绑在它们身上一样，让它们始终绕着太阳转。这种我比作绳子的奇异力

量，叫作引力，它能把小的东西吸引向大的东西，能使物体因其重量而下落。地球是我们附近最大的东西，吸引着我们所有的一切。

　　我们的地球也是这样从太阳中投射出来的。它曾经非常灼热，可怕的热气围绕在它周围。但是因为它比太阳小得多，它开始慢慢冷却。太阳也变得没那么热了，但它需要数百万年才能冷却下来。地球冷却的时间则要短得多。当地球灼热的时候，当然没有任何东西能在它上面生存——人、动物和植物都不能，一切都会被烧毁的。

　　正如太阳的一小块投射出变成了地球，同样，地球的一小块分离出来，变成了月亮。有些人认为，月亮来自现在美国与日本间的太平洋的巨大空隙。地球开始冷却了。这需要很长一段时期。慢慢地，地球的表面变得更冷了，尽管它的内部仍很灼热。即使是现在，你下到煤矿去，会越走越觉得暖和。假如你能深入到地球的内部，恐怕你会觉得过于炽热了。

　　月亮也开始冷却。因为它比地球小得多，它比地球冷却得更快。它看起来很冷，不是吗？它也被称为"寒月"。也许，那里到处都是冰川和冰原。

当地球冷却时，空气中所有的水蒸气都凝结成水，或像雨一般落下来。那时的雨一定极大。所有雨水灌进地球上的大洼地，于是形成了大洋和大海。随着地球变冷，大海也变冷了，这样生物才有可能生存于陆地上或大海里。

在下一封信里，我们将讨论生命的起源。

最初的
生物

> 要说清楚什么东西有生命、什么东西没有，并不是件容易的事。

我们在上一封信中看到，在很长一段时间里，地球过于灼热，任何生物都无法生存于其上。那么，是从什么时候开始，地球上有了生命？最初的生物又是什么呢？这些问题很有趣，但也很难回答。

让我们先来思考，什么是生物。你可能会说，人是活着的生物，所有动物都是。那么，树木、花卉和蔬菜呢？它们自然也是活着的。它们生长、喝水、呼吸空气，然后死去。树木和动物的主要区别在于，树木不会四处移动。

你或许还记得，我曾在伦敦的邱园给你指过一些植物。那些植物——兰花和猪笼草——实际上是吃苍蝇的。还有一些动物，比如海绵，它们生活在海底，并不四处移动。有时候很难说一样东西是动物还是植物。等你学习植物学（研究植物的科学）或者动物学（研究动物的科学）时，你会看到这些奇异的东西，它们既不

● 猪笼草

完全是动物，也不完全是植物。

有些人告诉我们，即使是石头和岩块，也存在着某种生命。它们有痛觉，但这是很难看到的。或许你还记得，有位先生曾来日内瓦看望我们，他叫贾加迪什·博斯爵士。他通过实验证明了植物也有充分的生命，并且他认为，即使是石头，也有部分生命。

所以你看，要说清楚什么东西有生命、什么东西没有，并不是件容易的事。让我们暂时丢下石头，只考虑植物和动物。

如今存在着大量的生物，它们是各种各样的。有男人，有女人；有些人很聪明，有些人很愚蠢。在动物中你也会发现聪明的动物，比如大象、猴子或蚂蚁，也有非常愚蠢的动物。海洋中的鱼和许多其他东西在生命的序列中是较低等的。在生命序列的最底端，你会发现海绵和水母状的鱼，以及那些半动物半植物的东西。

我们应该试着追问，这些不同种类的动物是在同一时间突然出现的，还是逐个出现的。我们怎么才能知道这些？我们没有远古时代的书籍，大自然之书可以帮助我们吗？

它确实可以。

我们在古老的岩石中发现了动物的骨骼。这些叫作化石。发现了它们，我们就可以判定，在很久很久以前，岩石形成的时候，我们发现它们骨骼的动物一定存在过。在

伦敦的南肯辛顿博物馆里，你见过许多这类的化石，有大的也有小的。动物死后，它们的肉质部分很快就会腐烂，但它们的骨骼却可以保存很长时间。我们发现的就是这些骨骼，它们能告诉我们远古时代生活着什么动物。但假如一种动物像水母一样没有骨骼，它死之后可能就什么也不会留下了。

当我们仔细考察岩石并搜集我们发现的所有古老的化石骨骼时，我们可以看到不同种类的动物存在于不同的时期。它们并不是突然一起出现的。

最开始出现的是简单的甲壳动物，例如贝类。你在海边捡到的美丽的贝壳，就是死去的动物的甲壳。之后，我们发现了更复杂的动物——蛇、比大象还大的野兽，以及类似于今天的鸟类和其他动物。最后，我们发现了人类的遗骸。可见，动物的出现似乎有一定的顺序。首先是最简单的动物，然后是更高级的动物，越来越复杂，直到出现今天所谓"万物之灵"的人类。 简单的海绵和贝类是如何发展、变化和改进的，这是一个非常有趣的题目。也许有一天我会告诉你，但现在我们要讨论的是最初的生物。

当地球冷却下来时，最初的生物可能是生活在海里的软软的胶状体。它们没有甲壳，也没有骨骼。因为它们没有骨骼，我们就没有这类的化石遗存，所以我们只能多少凭借猜测了。[1] 即使在今天，海里也有很多这样的胶状体，它们圆圆的，因为没有骨骼或甲壳，它们的形状不断变化着。它们大概是这样的：

你会注意到中间的那个点。它被称为细胞核，是一种心。

这类动物——或不论它们是什么——会奇异地分裂成两个部分。它们从一个地方开始变薄，一直薄下去，直到断裂成两个胶状体。这两个胶状体都和原来的那个一样。分裂就是以这种方式进行的。你会看到细胞核或心也在分裂，每个部分都得到了一块。就这样，这些动物持续分裂增殖着。

这一类的东西一定是地球上最初的生物。它们是多么简单和低等的生命啊。那时，整个地球上没有更进化或更

① 编者注：作者尼赫鲁的这封信写于20世纪20年代，而水母化石最早发现于20世纪40年代，所以作者此处的结论因受时代所限而缺乏考古依据。

高等的东西，真正的动物还没有到来，人类的出现还要等几千万年。这些胶状体之后是海藻、贝类、螃蟹和蠕虫，然后是鱼。

🔴 *螃蟹化石*

我们之所以知道这些，是因为它们留下了坚硬的骨骼或外壳让我们去发现和研究。贝壳被留在海底的泥淖里。它们被层层的泥沙所覆盖，这样被小心地保存着。因为上层泥沙所带来的重量和压力，下层的泥沙变得坚硬起来，直到变成岩石。这样，海底的岩石就形成了。地震或其他地壳运动，把海底的岩石带了出来，使它成为干燥的陆地的一部分。后来，干涸的陆地被河流和雨水冲刷，露出了埋藏在里面好多年的贝壳。我们就这样发现了这些贝壳或化石，并在研究之后了解到，地球在人类到来之前的远古时代是什么样子。

🔴 *菊石化石*

在下一封信中，我们将讨论这些简单的动物是如何发展成今天的样子的。

动物的
出现

> **大自然一直在不停地进化，不断地改变，创造更完美的事物。**

　　我们已经知道，地球上最初的生命可能是小而简单的海洋动物和水生植物。它们只能生存在水里，如果它们出来，就一定会干死，就像今天的水母搁浅在海滩上之后干死了一样。但在那时，一定有大量的水域和沼泽，比我们现在有的多得多。一些水母和外皮稍硬的海洋动物能在陆地上多停留一会儿，不至于那么快就干死。而软软的水母和其他类似的生物因为不能轻松地生存在干燥的陆地上，逐渐变得越来越少，而那些有着坚硬的保护层的动物却变得越来越多。这是一件值得注意的趣事。这意味着，动物在逐渐让自己适应周围的环境。

　　你曾在伦敦的南肯辛顿博物馆里，见过生活在冬季和冰冻寒带的国度里的鸟和其他动物，它们像雪一样白。而在有着许多绿色植物和树木的热带国家里，它们又变成了绿色或其他明亮的颜色。也就是说，它们适应着周围的环境。它们改变颜色，以保护自己不受敌人的伤害。它们和周围的颜色保持一致，就很难被敌人发现。它们在寒冷的国家生出毛皮，以保持体温。老虎的皮毛是黄色的，长着

● 《热带风暴中的老虎（惊讶）》，法国画家亨利·卢梭（1844—
1910）作，现存于英国国家美术馆

条纹，就像穿过丛林的斑斓阳光。要想在茂密的丛林里发现老虎并不是一件容易的事。

动物能适应周围的环境，这件事很有趣，也很重要。当然，动物并不是自己本身想要改变的，而是因为改变能适应周围的环境，这样的动物有更好的生存机会，它们的数量也会因此增加，而其他动物则没有。这能解释很多事。它能解释为什么简单的动物能慢慢进化成高级动物，并可能在数千万年中进化成为人类。我们看不到周围正在发生的变化，因为这种变化极其缓慢，而我们的生命又如此短暂。但大自然一直在不停地进化，不断地改变，创造更完美的事物。

大自然永不停止或休息。

现在你已经知道，地球在冷却，并慢慢地凝固起来。当它冷却时，气候发生了变化，许多其他东西也发生了变化。随着地球的变化，动物也在慢慢进化，新的动物出现了。起初只有简单的海洋动物，之后有了复杂的海洋动物。后来，随着陆地面积的增加，出现了水陆两栖的动物——有点儿类似今天的鳄鱼或青蛙。接着是完全陆栖的动物，然后是能在空中翱翔的飞鸟。我跟你提过青蛙。这是一项有趣的研究，青蛙的生存方式在某种程度上向我们展示了动物是如何从水栖动物逐渐转变为陆栖动物的。

青蛙起初是一种水里的鱼，后来它变得像陆栖动物，开始用肺呼吸。远古时代，当生命最初在陆地上出现时，陆地上曾有过巨大的森林，一定还遍布了长满茂密树木的沼泽。这些树木后来被覆盖起来，因为岩石和泥土的巨大压力，它们慢慢变成了煤。你知道，煤是从地下深处的煤矿里开采出来的。这些煤矿其实就是远古时期的古老森林。

最早的陆栖动物中有巨大的蛇、蜥蜴和鳄鱼。其中一些能有三十多米那么长。想象一下，一条三十多米长的蛇或蜥蜴！你还记得在伦敦的博物馆里看到过这些野兽的化石吗？

后来出现的动物更像我们今日所看见的动物。它们被称为哺乳动物，因为它们哺乳自己的幼崽。最初的哺乳动物比现在大得多。最像人类的哺乳动物是猴子，或者说是猿。因此，人们认为人类是猿的后裔。这意味着，人类跟其他动物一样，逐渐适应环境、变得越来越好，只不过最初的人类是一

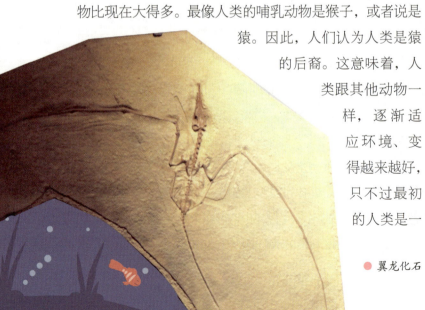

● 翼龙化石

种更优秀的人猿罢了。当然，人类不断进化着，或者说，大自然在不断改进人类。如今的人们认为人类是无止境的，他们把人类想象成与动物截然不同的物种。但是我们最好不要忘记，人跟猿、猴子是表亲。即便是现在，恐怕我们中的许多人，言行举止也与猴子无异。

人类的
到来

一个没有智慧的人，实际上和动物没什么两样。

　　我们在上一封信中讨论过，生命是怎样以非常简单的形式出现在地球上，慢慢地经过数千万年的进化，成为今天的样子的。我们还注意到，在生命进化过程中，一个非常有趣而重要的规律——动物总是努力使自己适应周围的环境。在这个过程中，它们发展出了许多新的特质，变成了更高级、更复杂的动物。我们可以从许多方面看到这种变化或进步。例如，首先是无脊椎动物，因为没有骨骼不能长期生存，它们便发育出了骨骼。它们形成的第一根骨头就是脊椎骨。所以我们把动物分成两类——无脊椎动物和脊椎动物。你看到的周围的人和动物当然都是脊椎动物。

　　然后，你会发现：简单的动物，如鱼类，它们产下卵后就不管了——它们一次产下数万颗卵，但并不照看这些卵。母亲一点儿也不关心她的孩子，她只是产下这些卵，就不再回来了。由于缺少照顾，这些卵大多数都死了，只有少数能发育成鱼。这不是可怕的浪费吗？

　　如果我们进一步观察高等动物，我们会发现它们的卵或孩子更少些，但它们看护得更周到。母鸡产蛋，然后它坐在蛋上孵化，等小鸡出生后，母鸡还会喂养小鸡一阵子。等小鸡长大了，母鸡这才不再照顾小鸡。

至于高等动物——哺乳动物——它们就大不相同了。我在上一封信中提到过。这类动物并不产卵，母亲会把"卵"留在肚子里，直到生下发育完全的宝宝，如狗、猫或兔子。之后，母亲会哺育孩子们，给孩子们喂奶。母亲如此尽心地照顾孩子们，但即便如此，你仍然会发现大量的浪费。母兔每隔几个月就会产下许多小兔，其中很多都会死掉。但是像大象这样的高等动物，每次就只生一头小象，并且会把小象照顾得很好。

所以你会发现，当动物发展到高等时，它们并不产卵，而是生产像它们一样发育良好的幼崽，只是体型更小一些罢了。高等动物通常一次只生一个幼崽。你也会注意到，高等动物对它们的幼崽有一种爱意。人是最高等的动物，所以人类父母非常爱他们的孩子，并会尽心地抚养他们的孩子。恐怕最初的人类并不像我们今日所认识的那样，他们也许是半人半猿，像猴子一样生活。你还记得在德国海德堡，我们一起去见过一位教授吗？他带我们参观了一个小型博物馆，里面都是化石，特别是他很小心保存的一个古老的头盖骨。学者们认为，这个头骨属于一个原始人。我们现在称他为海德堡人，因为他的头骨是在海德堡附近被发掘到的。当然，那时并没有海德堡或任何别的城市。

在原始时代，当原始人四处漫游时，天气常常是很冷的，因为有很多冰，那时叫作冰河时代。冰川——类似现在存在于北极附近的冰川—— 一直延伸到英国和德国。原始人一定觉得冰川附近难以生存，他们只能生活在没有冰川的地方。他们一定遇到过一个艰难的时期。科学家告诉我们，当时的地中海根本不是海，只是一两个湖而已。红海也是没有的，那时都是陆地。那时印度的大部分地区都是岛屿，旁遮普和我们各省的一部分都是海洋。想象一下，整个南印度和中印度犹如一座大岛，与喜马拉雅山隔海相望。你若要到穆索里去，估计要靠轮船了。

那时刚刚出现的人类，一定生活在许多野兽的包围下，终日感到恐惧。如今，人类是世界的主人，指使许多动物，让它们听从自己的指令。有些动物被人类驯服了，像马、牛、大象、狗、猫还有许多其他动物；有些动物被人类吃掉了；还有些动物，比如狮子和老虎，人类射杀它们，只是为了取乐。但在那时，人类并不是主人，只是被搜捕的可怜的猎物，拼尽全力避开巨大的野兽。但是，人类渐渐提升了自己，变得越来越有力量，直到人类比任何动物都强大。人类是怎么做到的？并不是靠体力，因为大象比人更有力。人类靠的是智慧和头脑。

我们可以追溯人类从原始时代到现在这种通过智慧发展自身的情景。确实，正是智慧把人类和动物区分开来。一个没有智慧的人，实际上和动物没什么两样。

人类的第一个伟大发现大概就是火了。现代人用火柴或其他工具点火。而古时候，人们用两块火石互相摩擦生火，摩擦出的火星点燃干草或别的干燥之物。火有时自己生发在森林里，可能是由火石或其他东西的摩擦引起的。

动物们没有聪明到能从中学到任何东西，但人是聪明的，看到了火的用途。人类利用火在冬天取暖，吓跑敌人——那些巨大的野兽。因此，每当火出现时，那时的男人和女人一定会把干燥的树叶扔到火里以保持火势。他们不希望火熄灭。他们一定慢慢地觉察到，他们自己可以通过摩擦火石生火。这对他们来说是一个伟大的发现，使他们拥有了超越其他动物的力量。从那时起，人类才真正走向主宰世界的道路。

《普罗米修斯盗火》，比利时
画家扬·柯希耶（1600—1671）
作，现存于西班牙普拉多博物馆

原始人

007

> 人和其他动物的主要区别在于智慧。
> 这种智慧使人比那些本来会毁灭他们
> 的巨大野兽更聪明、更强壮。

我们在上一封信中了解到，人和其他动物的主要区别在于智慧。这种智慧使人比那些本来会毁灭他们的巨大野兽更聪明、更强壮。随着智慧的产生，人的能力也在增长。最初，人没有特殊的武器对付他们的敌人，他们只

法国拉斯科洞窟壁画

能向它们投掷石头。之后，人开始用石头做东西——斧、矛、精细的针和许多别的东西。我们在南肯辛顿博物馆和日内瓦博物馆曾见过许多这样的石制武器。

上一封信里我们提过，冰河时代慢慢地结束了，中欧和亚洲的冰川消失了，气候变暖了，人们便分散开来。

那时，没有房子或其他建筑物。人们住在洞穴里，并

● 法国拉斯科洞窟壁画

不懂得耕作，就是在田地里劳作。人们吃野果、坚果和他们猎杀的动物。他们没有面包和稻米，因为他们不懂得在田野里培植作物。他们也不懂得烹饪，他们也许只会在火堆上烤肉。他们没有烹调的碗碟、罐头和锅具。但有一点是很奇异的。这些野蛮人知道如何绘画。当然他们没有纸、钢笔、铅笔或毛笔，他们只有石针和尖锐的工具。他们用这些工具在洞穴的石壁上描绘动物，他们的画有一些相当不错，但几乎都是简单的图。

你知道，画简单的图是比较容易的，孩子们通常都这样画。洞穴里一定很黑，所以他们很可能使用了某种简单的照明工具。我们现在所讲的这些人被称为旧石器时代的人或古石器时代的人。

那个时期之所以被称为石器时代，是因为那时的人们用的所有工具都是石头制造的。那时的人们还不知道如何利用金属。今天你用的大多数工具都是金属——尤其是铁——做的。但那时，人们还不知道铁或铜，只能用石头，而石头是更难加工的。

在旧石器时代结束之前，世界的气候发生了很大的变化，变得更加温暖。冰川一直延伸到北冰洋，在中亚和欧洲出现了大片的森林。在这些森林中，我们发现了一种新的人类。这些人在许多方面都比我们刚才讲的旧石器时代的人聪明，但他们仍然用石头做工具。这些人也属于石器时代，但算是后石器时代，他们也被叫作新石器时代的人。

在研究这些新石器时代的人时，我们发现人类曾有一个伟大的进步。与其他动物相比，人类的智慧使他们前进得更加迅速。这些新石器时代的人完成了农业的伟大发现。他们开始耕种田地，种植粮食。这对他们来说是一件伟大的事。

他们现在可以更容易地获得食物，而不必一直去捕猎动物了。他们有更多的闲暇时间去休息和思考。他们的闲暇时间越多就越有进步，越能发现新的事物和新的方法。他们开始制作陶罐，他们用这些陶罐来烹饪食物。石器变得更加精致，开始出现美丽的抛光。他们知道了如何驯养牛、狗、绵羊和山羊等动物，也知道如何编织东西。他们大多住在棚屋或茅舍里。这些棚屋通常建在湖泊中间，这样野兽或其他敌人就无

法轻易攻击他们。这些人因此被称为湖居人。

　　你可能会感到奇怪，我们怎么会对这些人了解这么多。他们当然没有写过书。但是，我已经告诉过你，记载着这些人的故事的书，是伟大的自然之书。读这本书并不

● 新石器时代人制作的石碗和石杵

容易，需要极大的耐心。很多人花了一生的时间去读这本书。他们收集了大量的化石和其他古代人类的遗存，这些化石都被收藏在大的博物馆里。在那里，我们能看到精心打磨的斧头、罐子、石箭、石针和许多其他由新石器时代人制造的东西。你自己也见过许多这样的东西，但也许你已经忘记了。如果你再看一遍，你就能更好地理解它们。

　　我记得在日内瓦博物馆里有一个很好的湖居模型。几根木桩插在湖中，木桩的顶上筑成一个木制的平台，平台上造起木棚，用一座小桥与陆地相连。

这些新石器时代的人穿着兽皮，有时穿着粗糙的麻布。麻是一种植物，有可用来织布的纤维。葛布现在是用麻制成的，但在那时麻布一定很粗糙。

这些人渐渐有了进步。他们开始用黄铜和青铜制造工具。你知道，青铜是黄铜和锡的混合物，但比黄铜和锡都要坚硬。他们还使用黄金，但只是用它来制造装饰品。

这些人生活在大约一万年前。当然，我们不知道确切的日期或时期。所有这些在很大程度上都是猜测。你会注意到，到目前为止，我们一直在谈论几百万年前的事情。我们现在要慢慢地接近我们目前的时代。从新石器时代的人到今天的人，并没有中间断开或突然变化，但我们仍然与他们有很大的不同。变化是缓慢的，这是自然规律。不同的种族发展起来，每个种族都有自己的前途，有自己的生活方式。世界各地的气候不同，人们不得不适应它，他们也因此发生了很大的变化。这个我们稍后再谈。

今天我还要告诉你一件事。大概在新石器时代末期，人类遭遇了一场巨大的灾难。我已经告诉过你，那时，地中海并不是海，只是些湖泊，许多人住在湖泊里。突然之间，位于欧洲和非洲之间的直布罗陀附近的陆地被冲走了，大西洋的水涌入地中海的低地。水不停地灌注，填满了它，生活在湖泊里或湖岸上的居民们一定被淹死了。他们无处可逃。数百里的地方都是水。大西洋继续灌注，直到灌满这低地，于是，便形成了地中海。

当然，你可能听过或读过关于大洪水的故事。《圣经》中提到过它，印度的一些梵文书里也提到过它。这场浩大的洪水可能就是灌注地中海的可怕洪水。这场灾难如此可怕，侥幸逃脱的极少数人一定把这一切都告诉了他们的孩子。孩子们又讲给自己的孩子听，于是，这个故事便一代代地流传下来。

● 《大洪水》，爱尔兰画家弗朗西斯·丹比（1793—1861）作，
　现存于英国泰特美术馆

不同种族

是如何

形成的

008

> 人类的肤色是他们所处气候的结果。它与一个人是否高贵、善良或美丽无关。

在上一封信里，我们讨论了过去住在湖边的新石器时代的人。我们看到他们在许多方面都取得了巨大的进步。他们发明了农业，懂得了如何烹饪和驯养动物。所有这些都是几千年前发生的事，我们对他们所知不多。但今天世界上的大多数人类种族，可能都是这些人的后裔。

我们现在知道，有白种人、黄种人、棕种人和黑种人，但事实上，要把人类的种族分成四种并不容易。种族曾经混合在一起，很难说他们中的许多人属于哪一种族。科学家们有时通过测量人们的头部来分辨种族，还有其他方法可以进行分辨。

这些不同的种族是如何形成的？如果他们曾是同一种人的后裔，为什么现在他们的差异如此之大？你知道，日耳曼人和黑人是很不同的：一个是白种人，一个是黑种人；日耳曼人的头发是浅金色的、长的，黑人的头发是黑色的、短而卷曲的。而中国人又与这两种人都不同。很难说清楚这些差异是如何产生的，我们只能说些造成差异的部分原因。

我曾告诉过你，动物是怎样随着适应环境而逐渐发生变化的。也许日耳曼人和黑人是不同类型的人的后裔，但是最初，他们一定有着相同的祖先。因此，这些差异一定是在适应环境的过程中产生的。或者可能有些人，像某些动物一样，比其他人更容易适应环境。

　　因此，一个生活在极北严寒中的人，会发展出耐寒的能力。即便是现在，因纽特人还生活在北方的冰原上，他们能忍受那里的严寒。如果你把他们带到像我们这样温暖的国家，他们反而可能会死去。由于他们生活的地方与世界上的其他地方相隔绝，又不得不过着艰苦的生活，他们无法像世界上其他地方的人们一样了解很多事情。而生存在酷热的非洲或赤道附近的人，他们习惯了这种高温，太

阳的酷热使他们的肤色变黑了。

你知道，如果你在海边或其他地方晒很长时间的太阳，你的肤色就会变得比以前更黑。晒了几个星期的日光浴尚且如此，更何况是常年生活在灼热的日光下的人们呢？如果几百年来，人们都生活在非常炎热的热带国家，那么父亲和他的孩子以及孩子的孩子们，就会变得越来越黑，直到完全成为黑人。

你曾在正午炎热的日光下，看见印度的农民在地里干活儿。他太穷了，没什么衣服可穿，身体几乎是赤裸的，全身暴露于阳光下。他的一生都是这样度过的，他的肤色不可能不变成黑色。

所以我们会发现，人类的肤色是他们所处气候的结果。它与一个人是否高贵、善良或美丽无关。一个白种人在炎热的国家待久了也会变黑，除非他躲在遮阳伞或风扇下面，躲避阳光和酷热。

你知道，我们是克什米尔人，两百多年前，我们的祖先就生活在克什米尔。在那里，你会发现每个人（包括农民和工人）的肤色都很白皙。这是因为克什米尔气候寒冷。但是这些道地的克什米尔人来到印度其他更热的地方，几代人之后，肤色就变黑了。我们的很多克什米尔朋友都很白，而其他地方的人就很黑。一个克什米尔家庭在印度的炎热地区生活得越久，肤色就越黑。由此可知，气候是肤色和容貌变化的主要原因。

当然，可能也有一些人，虽然生活在炎热的国家，但他们不在户外劳作，他们很富有，住在大房子里，注重自己的容貌和肤色。一个富有的家族可能几代人都是这样生活的，因此可能不太受气候的影响。但是，自己不劳动，依靠他人的劳动生活，并没有什么值得骄傲的。

　　在印度的北部，克什米尔与旁遮普，人们的肤色通常是差不多的。越往南走，肤色就会越黑。在马德拉斯和锡兰，正如你所看到的，人们的肤色很黑。当然，你可以说这是气候造成的，因为越往南走，就越靠近赤道，天气就

越炎热，这是十分真切的，也是印度不同地区人们肤色不同的主要原因。

　　然而，我们稍后将看到，这种差异的部分原因，也是由于来到印度的最初种族本身的某些差异。在过去时代，曾有许多种族来到印度。尽管长期以来他们试图保持隔离，但是人们终究会不可避免地融合在一起。现在很难说，某个印度人完全属于某个最初的种族。

人类的
种族和语言

> 区分不同种族的一个重要而有趣的方法是研究他们的语言。

　　我们无法说清最初的人类是在世界上的哪个地方出现的，也不知道最初的人类定居在哪里。恐怕人类是差不多同一时期出现在几个地区的。很有可能的是，当冰河时代巨大的冰川融化并向北方退去时，人类生活在比较温暖的地区。当冰川融化时，一定有广阔的原野，就像现在西伯利亚的苔原一样。这些原野变成了草原，人们在那里游牧，因为他们需要草来喂养牛羊。这些人没有固定的居所、四处漂泊，比如吉卜赛人，他们也被叫作游牧民族。直到现在，包括印度在内的许多国家都有游牧民族。

　　那时的人们一定是在大河流域附近定居下来的，因为河流附近的土地很肥沃，很适合农业生产。那里有丰足的水，土地容易种植粮食。所以我们设想，那时印度的人住在印度河与恒河等大河流附近，在美索不达米亚的人住在底格里斯河和幼发拉底河附近，在埃及的人住在尼罗河附近。生活在中国的人也是如此。

　　在印度，我们所知道的最早的种族是德拉维人，我们看到后来来了雅利安人和东方的蒙古人。现在居住在印

度南部的大多数人都是德拉维人的后裔，他们的肤色比北方的人黑，也许是因为德拉维人在印度生活的时间要长得多。德拉维人是非常进步的，他们有自己的语言，跟其他民族的关系很密切……但是我们谈得有点儿远了。

在原始时代，一个新的种族在中亚、西亚和东欧发展了起来，他们被称为雅利安人。在梵语中也有同样的词，雅利安，意思是绅士或出身高贵的人。因为梵语是雅利安人的语言之一，意味着他们自认为非常绅士和高贵。他们过去和现在一样自负。

你知道，英国人认为自己是地球上第一个真正的人，法国人同样认为法国人是最伟大的民族，德国人、美国人和其他国家的人也是如此。

这些雅利安人游荡在北亚和欧洲广阔的草原上。随着他们人数的增多，气候变得越来越干燥，土地上没有足够的水草和食物供给他们所有人，于是，他们被迫迁移到世界上的其他地方去寻找食物。他们散布于欧洲，以及后来的印度、波斯和美索不达米亚。因此我们发现，几乎所有的欧洲人、北印度人、波斯人及美索不达米亚人，都是同一个祖先——雅利安人的后裔。尽管他们现在彼此很不相同。

当然，这都是很久以前的事了。从那以后发生了很多事，不同种族在很大程度上融合在一起了。因此，雅利安人是当今世界各民族的一个大的祖先族。

另一个大的种族是蒙古人。他们遍布整个东亚，包括中国、日本、泰国及缅甸等，他们有时被称为黄种人。你会发现他们普遍有着高颧骨和细长的眼睛。

非洲和其他一些地方的人是黑种人。他们既不是雅利安人，也不是蒙古人，他们的肤色很深。

阿拉伯人和巴勒斯坦人——阿拉伯人和希伯来人——属于另一个不同的种族。

所有这些种族都曾在几千年的历史进程中分裂成许多小的种族，并或多或少地融合在一起。但我们不必为这些为难自己，区分不同种族的一个重要而有趣的方法是研究他们的语言。

每个种族最初都有一种独立的语言，但随着时间的推移，许多种语言从这一种语言中发展而来。它们是同一种语言的后代，属于同一个家族。我们可以很容易地发现其中共同的词，并看出不同语言之间的联系。

● 《巴别塔》，荷兰画家老彼得·勃鲁盖尔（1525—1569）作，
现存于维也纳艺术史博物馆

当雅利安人散布到亚洲和欧洲时，他们无法保持联系，那时没有铁路、电报、邮局或甚至写成的书本。因此，每一群雅利安人都开始以自己的方式说同一种语言，

过了一些时期，这种语言就与"母语"或其他雅利安国家的"近亲"语言大不相同了。

因此，即便我们现在在世界上发现了如此多种类的语言，但是如果我们研究这些语言就会发现，语言的种类虽多，母语却很少。例如，无论雅利安人走到哪里，他所说的语言都属于雅利安语系。梵语、拉丁语、希腊语、英语、法语、德语、意大利语和其他一些语言都是近亲，都属于雅利安语系。

另一种大的语系是汉语，它包括汉语、缅甸语、西藏语及暹罗语等。

第三种是闪米特语，包括阿拉伯语和希伯来语。

有几种语言，像土耳其语与日语，不属于三大语系的任何一种。南印度有几种语言，如泰米尔语、泰卢固语、马拉雅拉姆语和加纳语也不属于这些语系。这四种语言都属于德拉维语系，历史非常悠久。

语言
之间的关系

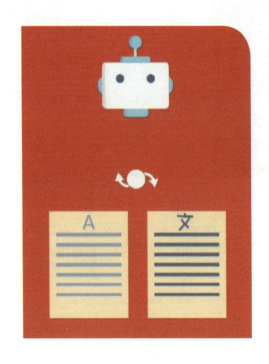

> 现在，我们大多数人都生活在互相分隔的不同国家，但在很久以前，我们属于同一个民族。

我们已经知道，雅利安人和他们的语言是如何散布到许多国家的。但是，不同的气候和不同的环境在不同的雅利安群体中产生了各自的差异。每个群体都不断地以自己的方式改变着、更新着习惯和风俗。他们无法与另外的群体接触，因为在当时旅行是极其困难的。每个部族都与其他部族分隔开了。一个国家的人学到了新的东西，他们不能及时地告诉另一个国家的人。差异就这样产生了。几代人以后，一个雅利安家族分裂成了许多种族，他们甚至都忘记了自己原本属于同一个大家族。他们的一种语言变成了很多种语言。

尽管这些语言看起来差别很大，但它们有着许多共有的词和相似之处。即使是几千年之后的今天，我们仍然能在不同的语言中找到共有的词，并且可以断定，很久以前，这些语言曾是一体的。

你知道，法语和英语中有很多这样的共有的词。让我们来看两个最熟悉不过的普通单词，英语中的"father"（爸爸）和"mother"（妈妈）。在印地语和梵语中，这

两个词是"पति"和"माता"；在拉丁语中是"pater"和"mater"；在希腊语中是"pater"和"meter"；在德语中是"vater"和"mutter"；在法语中是"pere"和"mere"……在许多其他语言中也是如此。

它们看起来很像，不是吗？它们同属一大家族，自然有相像之处，就像表兄妹一样。当然，许多词可能是一种语言从另一种语言中"借"来的。印地语就是这样从英语中借用了许多单词，英语也从印地语中借用了一些单词。但"爸爸"和"妈妈"不可能是借来的。它们不可能是新词。

在人类开始交谈之初，当然就有爸爸和妈妈，人们一定要找些词去称呼爸爸妈妈。所以我们可以说，这些词不是借用的，它们一定源自同一个祖先或同一个家族。由此我们知道，现在分布在不同国家、使用不同语言的人，很久以前一定属于同一个大家庭。

你会发现，学习语言是多么有趣！它能教会我们很多东西。如果我们能懂三四种语言，那学习更多语言就不是难事了。

现在，我们大多数人都生活在互相分隔的不同国家，但在很久以前，我们属于同一个民族。从那时起，我们发生了巨大的变化，我们中的很多人已经忘记了我们过去的关系。每个国家的人都认为自己的民族是最优秀、最聪明的，认为其他人不如自己。英国人认为自己和自己的国家是最好的，法国人以法国和一切法国的东西为傲，德国人和意大利人认为自己的国家会永远存在。而在许多印度人的想象中，印度在很多方面都是世界上最伟大的国家。这完全是狂妄。每个人觉得他自己和他的国家最好，但实际上，每个人都既有优点，也有缺点；每个国家也都是如此。我们应该努力发现好的方面，努力去除不好的方面。

我们当然最关心自己的国家——印度。不幸的是，印度如今处于恶劣的情况中，我们大多数的国民都非常贫穷痛苦。他们的生活里没有幸福。我们应该想办法使他们更快乐。我们必须看到我们的生活方式和习俗中的优点，努力保持下去；而所有不好的，都应该抛弃。如果我们在其他国家发现任何优点，当然应该学习它。

作为印度人，我们必须生活在印度，为印度工作。但我们不能忘记，我们属于世界的大家庭，生活在其他国家的人是我们的表兄弟。如果世界上所有的人都幸福和满足，那将是一件多么美好的事。因此，我们必须努力，使整个世界成为一个更幸福的居住地。

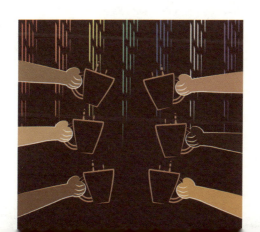

什么是
文明？

> 精美的建筑、美丽的图画、书籍以及一切美好的东西，无疑都是文明的表征。但是，更好的表征是不自私自利，为了公众的利益而与他人合作。

我要告诉你一些关于早期文明的事。但在这之前，我们应该先试着了解"文明"这一概念的含义。

字典会告诉你，文明意味着改进、提升，用好的习惯取代野蛮的习惯。文明与社会或某些人类群体有关。被称之"野蛮"的人类群体，他们状态比野兽好不了多少，而文明则与之相反。我们离野蛮越远，就离文明越近。

但是，我们怎么才能知道一个人、一个社会是野蛮的，还是文明的呢？许多欧洲人认为自己很文明，认为亚洲人野蛮。这是因为欧洲人穿的衣服比亚洲人和非洲人多吗？但是你知道，穿多少衣服取决于天气。天气冷的时候，人们穿的衣服自然要比天气热的时候多。还是因为有枪的人比没有枪的人更强势，因此就更文明？有枪的人不见得更文明，但弱势的人不敢告诉他真相，否则很可能会挨枪子儿。

你知道，就在几年前，发生了一次世界大战。世界上大多数国家都参加了。每个国家都试图杀死敌国更多的人。英国人拼命屠杀德国人，德国人也屠杀英国人。数千万人在这场战争中失去了生命，还有很多人成了终身残疾——有人失去了眼睛，变成了盲人，还有人失去了胳膊或腿。你在法国和其他地方一定见过很多这样的伤残退伍军人。在巴黎的地铁里，还有专门为他们设置的座位。

你认为，像这样互相残杀是很文明或合理的事情吗？要是两个人在街上打架，警察会把他们分开，每个人都会觉得他们是愚蠢的。但是，许多国家之间发生战争，导致数千万人的死亡，这难道不是更愚蠢吗？这就像野蛮人在丛林里搏斗。如果野蛮人是"野蛮"的，那么好战的国家不是更野蛮吗？

如果你以这种方式看待这个问题，你就会说，在第一次世界大战中参战并制造杀戮的国家——英国、德国、法国、意大利以及其他许多国家——根本不是文明的。然而，你同时也知道，在这些国家里，也有许多美好的事物和优秀的人。

你可能感叹，想要理解文明的含义，并不容易。你是对的。这是一个很难的问题。精美的建筑、美丽的图画、书籍以及一切美好的东西，无疑都是文明的表征。但是，更好的表征是不自私自利，为了公众的利益而与他人合作。共同协作比独自工作更好，而为了公众的利益共同合作是至高无上的。

部落的
形成

> 人们要想一起做事，行动就一定要有规矩。要是每个人都只做自己喜欢做的事，那么这个部落的成员很快会所剩无几。

在前面的信里我曾跟你讲过，最初的人类出现在地球上时，是很像动物的。在数万年中，他们慢慢发展并进步着。起初，人一定是独自狩猎，就像今天的某些野兽一样。后来他发现，跟其他人结伴狩猎似乎更明智、更安全。而如果许多人一起结伴，他们就会更强大，可以更好地保护自己，不受野兽和其他敌人的攻击。动物为了保护自己，也会成群结队地活动——绵羊、山羊、鹿，甚至大象，都是如此。当象群休息时，有些象醒着，守卫着整个象群。你一定也读过狼群的故事。在俄罗斯，狼会在冬天结成群四处觅食。当它们饥肠辘辘的时候，它们就会攻击人类。一只狼很少攻击一个人，但一群狼的力量足以攻击一群人，被攻击的人只有逃命的份儿。在冰原上，狼经常会和雪橇上的人比谁跑得快。

因此，早期人类文明的第一个进步就是以群体的形式结合在一起，或者像人们所称呼的那样，叫"部落"。他们开始一起劳作，这就是所谓的合作。每个人都必须优先考虑部落，然后再考虑自己。如果部落处于危险之中，所有部落成员都必须为部落而战，保卫它。如果部落里的人拒绝为部落做些什么，他就会被踢出去。

人们要想一起做事，行动就一定要有规矩。要是每个人都只做自己喜欢做的事，那么这个部落的成员很快会所剩无几。所以，必须有人成为首领——就算是动物群体也有首领——人们通常会选择部落中最强壮的人作为首领。因为那时部落间常发生战争，所以最强壮的人会被推选出来。

如果部落成员之间互相争斗，部落很快就会走向解散的命运。因此，首领会禁止部落内部发生争斗。一个部落可以打败其他部落，相比一个人独自作战的旧方式，这是个大进步。

最初的部落实际上是一个大家庭，所有成员彼此都是亲戚。后来，这个家庭越来越庞大，直到发展成为部落。

在原始时代，尤其是在部落形成之前，人的生活一定

十分艰苦。他没有房子，没有衣服（大概只有几件兽皮），他肯定一直在战斗。为了获得日常的食物，他不得不四处猎杀动物，采集坚果或野果。他一定觉得危险无处不在。在他看来，就连大自然似乎也是一个敌人。

　　大自然给他送来冰雹、飞雪和地震。他是可怜的小奴隶，匍匐在地上，恐惧着一切。因为他什么也不懂。如果下了冰雹，他会觉得是云中某个神想要打他。于是他害怕起来，想做点儿什么来讨好这位在云层中降下冰雹、雨雪的神。他要怎样做才能使这位神高兴呢？他不太清楚，也不太聪明。他以为"云中之神"跟自己一样，喜欢吃东西。因此，他会拿一些肉或杀死一只动物作为牺牲，把它们放在某个地方供给神，这就是所谓的献祭。他以为这样就能阻止雨雪或冰雹了。

　　这在我们看来似乎很愚蠢，因为我们知道天为什么会下雨、下雪或下冰雹。这跟杀不杀动物无关。虽然这很愚蠢，但即使在今天，仍然有许多无知的人在做这样的事情。

农业
出现后的
变化

> 在这里，我们看到剩余食物开始出现了。

在上一封信里，我告诉了你一些关于劳动分工的事。最初，人们只能靠打猎为生，那时是没有劳动分工的。每个人都要打猎、捕鱼，而且很难获得足够的食物。最初的分工一定开始于男人和女人之间。男人出去打猎，女人留在家里照看孩子和家畜。

当农业出现后，许多新的变化发生了。首先是劳动的大分工。有些人出去打猎，有些人留下照看田地、耕作。久而久之，人们学会了新的技能，并开始专门从事这些行业。

耕种土地带来的另一个有趣的结果是，人们开始在村落和城镇里定居下来。在农业出现之前，人们常常四处迁移、打猎，他们没有必要居住在一个地方，他们可以到不同的地方去打猎。因为他们有牛、羊和其他动物需要喂

养，所以不得不经常从一个地方迁移到另一个地方。这些动物需要牧场来吃草。在一个地方吃了一段时间的草之后，这片土地上的食物就不够牛羊群吃了，所以整个部落不得不迁移到另一个地方。

农业出现以后，人们不得不在离田地近的地方居住下来。他们不能丢下他们耕种的田地，他们在附近工作、畜牧、一次次地收获。村落和城镇由此发展起来。

农业带来的另一个巨大变化，是人们的生活变得轻松些了。通过农业在土地上收获食物，比打猎要容易得多。土地给予人们的粮食一次也吃不完，它们被小心翼翼地储存起来。

现在，我们注意到一个有趣的发展。当人只能靠打猎维持生计时，他无法储存东西，或者只能储存少量的东西。他常常只能勉强糊口，那时也没有银行来存放他的钱或其他物品。随着农业的出现，人从土地上收获的粮食超过了他所需要的，他就把多余的粮食或其他食物储存起来。在这里，我们看到剩余食物开始出现了。人们获得剩余食物，是因为他们的工作超过了日常所需。

你知道，现在我们有了银行，人们把钱存在银行里，需要时用支票取出来。这些钱从哪里来？如果你仔细想想，你就会知道这些钱都是盈余的，也就是说，人们不需要一次就把它们花完，因此把它们存在银行里。今天的富人是那些拥有大量剩余的人，而穷人则一无所有。以后，你就会知道这些剩余是如何来的。并不是因为一个人比其他人干得多，而是一个完全不干活的人获得了剩余，而刻苦的劳动者往往得不到剩余。这似乎是一种很愚蠢的安排。很多人认为，正是因为有这种愚蠢的安排，世界上才有许多穷人。你现在可能有点儿难以理解这一点。如果是这样，你暂时不用管它，你以后会完全明白的。

目前，我只想让你注意到，农业产出的粮食远远超过了人们一次能吃完的数量，剩下的都被囤积起来了。那时没有银行，也没有货币，那时被称为富人的人，只是因为他有很多的牛、羊、骆驼或粮食罢了。

酋长
是怎么来的？

> 那时候，一个人获得的所有东西都会被分配，因为它属于整个部落。酋长或部落的首领，就是负责分配的人。

恐怕我的信写得有点儿复杂了，但是看看我们周围，生活本身就很复杂。在过去时代，事情要简单得多。但现在我们要思考的是，生活的复杂性是从什么时候开始的。如果我们慢慢追究我们的问题，并试图理解过去的生活和社会发生的变化，我们就会觉得现在的许多事变得容易理解了。如果我们不试着这样做，就永远无法理解我们周围发生的一切，我们就会像在黑暗森林里迷路的孩子。正是因为如此，我想带你来到森林的边缘，这样，我们才能找到一条穿过森林的路。

你还记不记得，在穆索里，你曾经问过我关于国王的问题：国王是什么人？为什么他们会成为国王？现在，我们就来一窥究竟。

那些遥远年代里的国王，最初并不被称为国王。如果我们想知道一些关于他们的事，我们就得明白国王的起源。

我曾跟你讲过部落是如何形成的。当农业出现后，工作或劳动有了一定的分工，部落里就需要有人来组织工作。甚至在这之前，部落的成员就希望有人能领导他们跟其他的部落战斗。那时的首领通常是部落里年纪最大的人，他被称为族长或酋长。作为部落中最年长的人，人们认为他理应最有经验、最有学问。

那时的酋长跟部落中的其他成员没有太大的不同。他跟别人一样劳动，生产出的所有食物都会分配给部落中的成员，一切都是属于部落的。那时不像现在，每个人有单独的房子、钱和别的东西。那时候，一个人获得的所有东西都会被分配，因为它属于整个部落。酋长或部落的首领，就是负责分配的人。

可是慢慢地，变化发生了，新的种类的工作出现了。特别是由于农业的发展，酋长不得不把大部分时间花在组织工作上，并确保部落的所有成员都能适当地完成工作。

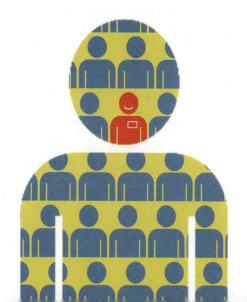

就这样，酋长渐渐放弃了普通的工作或劳动，他开始变得和其他成员不一样了。

于是，我们看到了另一种分工：酋长负责组织和指挥，其他人则服从酋长的命令，在地里干活、出去打猎或打仗。如果两个部落之间发生战争或争斗，酋长的权力就会变得更大，因为在战争时没人领导是无法作战的。于是，酋长就变得更有权力了。

随着组织工作的增多，酋长一个人无法完成所有的工作，他就选择其他人来帮助他，于是，组织者开始增加，但酋长依然是部落的首领。人们开始分成组织者和普通的劳动者，不再是平等的了。组织者有着驾驭别人——普通的劳动者——的权力。

在下一封信里，我们将看到酋长是如何发展的。

酋长

是怎样发展的？

> 在这里，我们看到了"私有"的观念是如何产生的。

　　我希望你不会觉得我对古老部落及其先祖的叙述很枯燥。我在上一封信中给你讲过，在那个时代，一切都属于部落，而不是每个成员单独拥有。甚至族长自己也没有什么特别的东西，作为部落的一员，他只能像其他成员一样分得其中一份。但他是组织者，他被推选出来管理部落的货物和财产。随着权力的增长，他开始认为这些货物和财产实际上是他自己的。或者更确切地说，他认为他自己作为部落的领袖，代表了整个部落。在这里，我们看到了"私有"的观念是如何产生的。今天，我们总是思考和谈论这个东西是"我的"还是"你的"。但是，正如我告诉过你的，最初部落里的人们不是这样想的。那时，所有的东西都属于整个部落。

　　然而，老酋长开始认为他自己就是部落，他把部落的大部分财产都看作是自己的。

　　当决定新的酋长人选时，部落的所有成员聚集在一起，选择一个人作为他们的领袖或酋长。但通常，酋长的家族成员比其他人更了解组织工作。因为他们总是和族长在一起，帮助酋长工作，所以他们对工作更了解。因此，当一位年迈的酋长去世时，部落的成员就会从酋长家族中选择一个亲近的人来接替他。

由此我们发现，酋长的家族逐渐变得不同于其他家族，部落的首领总是来自这个家族。酋长的权力变得越来越大，他自然希望他的儿子或兄弟能接替酋长之位。他也会尽最大努力来实现这一目标。他会训练他的儿子或兄弟或别的近亲，以便他们能继承酋长之位。他甚至会告诉部落成员，他挑选和培养的人应该成为下一任酋长。也许一开始，部落成员并不喜欢这样被告知，但很快他们就习惯了，并遵从酋长的意志去做。实际上，没有选举或推选新酋长的过程，老酋长已经决定了谁将成为他的继承人，而这个人无疑是成功了。

由此，我们发现酋长之位是世袭的，也就是说，它保留在同一家族，由父亲传给儿子或其他亲戚。至此，酋长已经十分确定，部落里的财产或东西就是他自己的，甚至在他去世后，这些财产都留在了他的家族。我们看到，不论什么东西，属于"我的"还是"你的"这种观念产生了。

　　一开始，这种观念并不存在，人们都
是为了部落而工作，而不是为了自己。如
果他们生产出很多食物或其他东西，部落里的每个人都能
分到属于他的一份。部落里没有贫富之分，人人都是部落
财产的分享者。但是，一旦酋长开始抢夺属于部落的财
产，并声称它们是自己的，就开始出现了富人和穷人。

　　关于这一点，我将在下一封信里多讲一些。

酋长变成了国王

> 国王开始认为自己是主人，而国家中的其他人是他的仆人。事实上，国王才应该是国家的仆人。

老酋长的话题已经花费了我们太多笔墨，不是吗？我们很快就要结束它了。或者不如说，"酋长"这个称谓要转变了。我之前答应过你，给你讲国王是怎么来的，以及国王是什么人。为了了解国王，我们不得不再提起酋长。你一定猜到了，正是这些酋长后来变成了国王，或者君主。

酋长这个词"patriarch"来自拉丁语"pater"，意思是父亲。酋长是部落或人们的领袖和"父亲"。英语中的"patria"意思是祖国，这个词和"父亲"来自同一个拉丁语单词。你知道，在法语中，祖国是"patrie"。在梵语和印地语中，我们把我们的国家称为"母亲"或"祖国母亲"。祖国父亲和祖国母亲，你更喜欢哪一个呢？

当酋长之位变成世袭的，也就是儿子继承父亲的位子，酋长就和国王或君主没什么区别了。酋长发展成了国王，而国王有这样一种奇怪的观念，他认为国家的一切都是属于他的，他就是国家。法国有位著名的国王曾经说过一句话，"国家就是我"或"我就是国家"。国王忘记了，他实际上是人们推选出来，负责分配国家的食物和其他物品的人。他忘记了，人们认为他是部落或国家中最聪明、最有经验的人才推选他出来。国王开始认为自己是主人，而国家中的其他人是他的仆人。事实上，国王才应该是国家的仆人。

等你以后读历史时，你会看到，国王变得如此自负，他们不认为自己是人民推选出来的，他们说，他们的权力是上帝赋予的。他们把这个叫作"君权神授"。许多年来，他们荒唐无道，过着繁华奢侈的生活，而他们的人民却在挨饿。最后，人们再也无法忍受了，有些国家的民众把国王赶下了王位。

以后你会读到，英国人民是如何反抗他们的国王查理一世的——他们打败了他，

●《玛丽·安托瓦内特离开巴黎古监狱》，法国画家乔治·凯恩
（1856—1919）作，现存于法国巴黎历史博物馆

甚至将他处死。你会读到，法国人民经过了一次大革命，决定不再要国王。我们曾参观过巴黎古监狱，那时你是不是跟我们在一起？那个监狱里关押过国王的家人——他的妻子、王后玛丽·安托瓦内特和其他人。你也会读到俄国的大革命，俄国人民驱逐了他们的国王，他们称之为沙皇。所以，国王或君主们的时代已经过去，大多数国家不再有国王。法国、德国、俄罗斯、瑞士、美国、中国，以及许多其他国家都不再有国王，他们实行共和制，也就是说，他们的民众一次次地选举他们的治理者和领导人。这些领导人并不是世袭的。

你知道，英国仍然有国王，但他（她）没有多少权力，他（她）能做的事情很少。所有权力都属于议会，议会里坐着的都是民众选举出来的领导者。你应该记得，我们在伦敦参观过议会。

在印度，仍有许多王公贵族。你会看见他们穿着华丽的衣服，开着昂贵的汽车，在自己身上豪掷千金。他们的钱都是从哪里来的？都来自人民所缴纳的税款。税收本来是为了用于造福全国人民——修建学校、医院、图书馆、博物馆、畅行的道路和其他服务于人民的东西。但是，我们国家的王公的思想仍然和法国国王一样：我就是国家。他们把人民的钱花在个人享乐上。当他们过着奢侈的生活时，辛勤工作、给他们交钱的人民却在挨饿，人们的孩子甚至连学都上不起。

最初的

文明

> **看看那些房屋、庙宇和宫殿，我们就能了解古代人是什么样的，他们做过什么。**

我们已经讲了很多关于酋长和国王的事，现在让我们回过头来看看最初的文明和生活在那个时期的人们。

我们对他们所知不多，但相较于旧石器时代和新石器时代的人，还是要多一些。我们至今仍保留着几千年前建造的巨大建筑物的遗迹。看看那些房屋、庙宇和宫殿，我们就能了解古代人是什么样的，他们做过什么。对我们特别有帮助的是古代建筑物里的雕刻和塑像。我们有时可以从这些作品中知道古代人穿什么样的衣服和他们做的其他事。

我们无法确切地说，人类最初在哪里定居并发展了文明。有人说，大西洋中曾有一个伟大的国家，人们称之为亚特兰蒂斯。这个国家的人民文明程度很高，但是不知什么原因，整个国家沉没于大西洋底，没有留下一丝痕迹。对此，我们没有证据，只有传说故事，所以我们可以将它搁置，不必考虑。

之后，又有人告诉我们，古代的美洲曾有过伟大的文明。你知道，哥伦布发现了美洲。但这并不是说，在哥

● 位于墨西哥尤卡坦半岛的奇琴伊察古城遗址

伦布发现之前，美洲不存在。只是说欧洲人不知道它，直到哥伦布发现了它。早在哥伦布到达美洲之前，那里就有人居住，并发展出了某种文明。在北美洲墨西哥的尤卡坦半岛和南美洲的秘鲁，人们都发现了古老的建筑遗址。因此，我们可以肯定地说，尤卡坦和秘鲁很早就有文明人居住。但由于我们目前了解的还不多，我们无法对他们做更多介绍。也许我们以后会发现更多关于他们的史实。

在欧亚大陆（欧洲和亚洲合称），最早的文明可能出现在美索不达米亚、埃及、克里特岛、印度和中国。埃及现在被认为是在非洲，但我们可以把它和欧亚大陆放在一起考虑，因为它离欧亚大陆很近。

● 刻写着楔形文字的泥板，现存于卢浮宫

当那些曾经四处游牧的古老部落想要定居下来时，他们会选择什么地方呢？一定是一个容易获得食物的地方。他们的食物有一部分来自农业，是在田地里种植的。对于农业来说，水是必需的。如果没有水，田地就会干涸，什么庄稼也长不出来。你知道，在印度，如果季风季节雨水不足，就会导致粮食绝收和饥荒。穷人无粮可吃，只能挨饿。所以水是必不可少的。早期的人们一定会选择水源充足的地方居住。我们发现，事实也的确如此。

在美索不达米亚，人们定居在底格里斯河和幼发拉底河这两条大河之间。在印度，人们定居的大部分城市都靠近印度河、恒河和亚穆纳河这些大河。水对他们来说是必不可少的，所以他们认为，给他们带来食物和丰饶的河流是神圣和圣洁的。在埃及，人们称尼罗河为"父亲河"，并对其顶礼膜拜。在印度，人们崇拜恒河，它至今仍被视为圣河，人们称它为"恒河母亲"，你会听到朝圣者呼喊"恒河圣母"。这种崇拜很容易理解，因为这些河流对人们意义重大。这些河流不仅给了人们水，还给了人们土地，以及使土地富饶肥沃的细泥和沙子。因为这河水与泥沙，土地才能生产出丰足的粮食，河流因此被称为"父亲河"和"母亲河"。但是，有些人有一个习惯，就是忘记自己做事的目的，不假思索地模仿别人。我们应该记住，尼罗河和恒河之所以神圣，是因为它们提供了水和食物。

古代
世界的
大城市

> 这一切的痕迹，就在时间的流逝中，消失于沙尘之下。

我们已经了解到，人类最初是在大河流域附近和肥沃的山谷中定居下来的，那里的食物和水都很丰足。人们把大城市建在河岸附近。

你可能听说过其中一些著名古城的名字。在美索不达米亚，有巴比伦、尼尼微和亚述城，但这些城市早已不复存在了。假如人们在沙地或岩层中挖得足够深，就能找到这些城市的遗迹。几千年后，这些城市被沙子和

尼尼微古城的一块刻着浮雕的墙板，现存于牛津大学阿什莫林博物馆

泥土完全掩埋，看不出任何痕迹。在有些地方，新城市就建在被掩埋的旧城市之上。人们要想了解这些旧城市，就不得不深入挖掘，有时他们会发现几座城市，一座连着一座。当然，它们并不是同时存在的。一座城市很可能存在了几百年，人们在那里生活、死去，他们的孩子和孩子的孩子在那里生活、死去。渐渐地，这座城市变得荒芜，居住在里面的人越来越少。最后，再也没有人住在那里，整

个城市变成了一座废墟。风沙和尘土覆盖了城市的街道，却没有人清理。许多年以后，整座城市都被沙尘覆盖了，人们甚至忘记了这座

城市的存在。

几百年过去了，又有新的人群来到这里，建造了一座新的城市。而这座新的城市，也会渐渐变得衰落、荒芜，直至沦为废墟。这一切的痕迹，就在时间的流逝中，消失于沙尘之下。

只用几句话，我就写完了这些城市。但想一想，它们从建立到消亡，再到被新的城市取代，其间经历过几千年的时光。我们把七八十岁的人称为老人，但与这几千年相比，七八十岁又算得了什么呢？这些城市存在的时候，该有多少小孩子长大，变老，直到死。如今，巴比伦、尼尼微于我们而言，只是一个名字而已。

另一座非常古老的城市是叙利亚的大马士革，但它并没有消亡，它依然存在，而且依然是一座伟大的城市。有人说，大马士革可能是当今世界最古老的城市了。

在印度，我们的大城市也坐落在河岸上。其中最古老的是位于德里附近的因陀罗普拉萨，但因陀罗普拉萨也已不复存在。瓦拉纳西或加西也很古老，或许是世界上现存最古老的城市之一。安拉阿巴德、坎普尔和巴特那，以及你可能想到的许多其他城市，也建立在河岸上，但它们都不是很古老。

中国也有很多古老的城市。

● 中国古城西安

埃及
和
克里特岛

> 这座宫殿里有浴室和水管，一些无知的人认为这一定是现代的发明。

早期的城市和村落里生活着什么样的人，我们可以从他们建造的宏伟建筑物和结构体中发现一些关于他们的信息。我们还可以从他们留下的石碑上的文字中了解他们，还有一些非常古老的书，它们能告诉我们那个时代的许多事。

在埃及，我们有伟大的金字塔、狮身人面像、卢克索神庙以及其他神庙的遗迹。虽然我们经过苏伊士运河时离这些地方并不远，但你并没有看到它们。你可能见过它们的照片或明信片。狮身人面像是一头长着人脸的巨狮，它是个庞然大物。没有人知道它为什么被建造出来，又代表着什么含义。这张面孔上有一种奇异的淡淡的微笑。人们

● 狮身人面像和金字塔

● 图坦卡蒙黄金面具

想知道这个微笑意味着什么。如果你形容一个人像狮身人面像，就意味着你看不透他。

金字塔也是巨大的建筑，它实际上是古代埃及国王（他们被称为法老）的陵墓。你还记得在伦敦大英博物馆看到的埃及木乃伊吗？木乃伊是由人或动物的尸体制成的，人们在尸体上涂抹了防止尸体腐烂的油和香料。

法老死后，他的尸体被制作成木乃伊，放进这些大金字塔的内部，在尸体的旁边放着金银饰品、器皿及食物，因为人们认为法老死后可能仍然需要这些东西。几年前，有人在其中一座金字塔里发现一具法老的尸体，他的名字叫图坦卡蒙。他身边有许多美丽而珍贵的物品，显示出古埃及人是多么聪明和先进。他们一定有精良的工程师来建造运河、湖泊和伟大的金字塔。

克里特岛或称干地亚岛，位于地中海。我们从塞得港

● 克里特岛的克诺索斯宫殿遗址

前往威尼斯时曾经过它附近。在这个小岛上，曾有过古老的文明。在克里特岛的克诺索斯，有一座巨大的宫殿，这座宫殿的遗迹至今还保留着。这座宫殿里有浴室和水管，一些无知的人认为这一定是现代的发明。在克里特这个小岛上，人们安居乐业，取得了巨大的进步。

你一定读过弥达斯国王的故事，他有了大麻烦，因为他碰过的每样东西都变成了金子！他没办法吃东西，因为他摸过的食物都变成了金子，而金子又怎么能吃呢？他因为贪婪而受到了这样的惩罚。当然，这只是一个虚构的故事。它是为了告诉我们，金子并不是人们想象中的万能的好东西。

你可能还听说过克里特岛的另一个故事，它是关于弥诺陶洛斯的。传说弥诺陶洛斯是一个半人半牛的怪物，男孩和女孩们被献祭给这个怪物，成了它的腹中餐。我曾经给你讲过，宗教的观念首先来自于对未知事物的恐惧。由于不了解自然和我们周围发生的许多事，人们感到恐惧，因此做过许多愚蠢的事。以这种方式被牺牲的男孩和女孩们，他们很可能被献给了一个想象中的怪物，而不是真实的怪物。因为我认为这样的怪物并不存在。

在古代，世界各地都有所谓的"人祭"，就是把男人和女人献祭给人们崇拜的假想生物。在埃及，人们曾经把女孩扔进尼罗河，因为他们认为这样就可以取悦"父亲河"。

幸运的是，除了世界上极个别的遥远角落，现在不会再有人祭了。但即便是现在，仍然有人为了取悦神灵而宰杀动物献祭！这真是一种奇特的崇拜方式。

● 英国画家乔治·弗雷德里克·瓦茨（1817—1904）创作的《弥诺
  陶洛斯》，现存于英国泰特美术馆

和

中国

印度

020

长城至今仍然矗立不倒，如果你去中国，你就能见到它。

我们已经知道，早期文明起源和发展于美索不达米亚、埃及和地中海的克里特岛。大约与此同时，在中国和印度，伟大的文明也以各自的方式出现并发展起来。

在中国，和其他地方一样，人们在大河流域附近定居下来。人们用青铜制造出精美的器皿，后来又使用了铁。人们开凿运河，建造了精美的建筑，并发明了一种新的书写方式。这种文字与印度语、英语或乌尔都语都不相同。这是一种图画文字。每个字，有时甚至一个短语，都是一幅图画。在古埃及、克里特岛和巴比伦，也有图画文字。这种文字现在被称为象形文字。你一定在博物馆和一些书里见过这种文字。在埃及和西方，这种文字只出现在非常古老的建筑中。在那里，已经很久没有人使用这种文字了。但在中国，人们

● 后母戊鼎

● 商代甲骨文

● 那烂陀寺，古代印度佛教的最高学府和学术中心，玄奘曾来此学习

仍然在使用这种文字，他们是从上到下书写，而不是像印地语或英语那样从左到右书写，也不像乌尔都语那样从右到左书写。

在印度，许多古老的建筑遗迹可能仍然埋藏在泥沙中。它们被掩埋了，直到有一天人们把它们挖掘出来，印度北部已经发现了一些非常古老的遗迹。

然而我们知道，在很久以前，甚至在雅利安人来到印度之前，这里就已经有了达罗毗荼人，他们拥有优秀的文明。他们曾经与其他国家的人进行贸易，将许多商品运往美索不达米亚和埃及，特别是将大米、胡椒等香料和柚木运到大洋彼岸，用于建造房屋。据说，美索不达米亚乌尔城的一些古代宫殿就是用从南印度运来的柚木建造的。据说，黄金、珍珠、象牙、孔雀和猿猴也是从印度运往西方国家的。由此可见，那时印度和其他国家之间的贸易往来一定非常频繁。只有当人们变得文明时，贸易才会存在。

古代的印度和中国都有小国或诸侯国。每个小国有一个独立的政府，管辖附近的村庄和田地。这些小国也叫作城邦，其中许多城邦在古代就是共和制，也就是没有国王，只有选举出来的君王管理着城邦。虽然这些城邦有各自的政府，但它们有时会互相合作，互相帮忙。有时，一个大国会变成几个小国的领袖。

在古代中国，这些小国很快就被一个大的帝国统一了。正是在这个时期，万里长城被建造出来。你一定读到过长城，它是为了防御其他部落入侵而建造的。长城是座宏伟的建筑，从大海一直延伸到北方的高山。每隔一段距离，城墙上就建有堡垒和城楼。如果在印度修建这样的城墙，它将从北部的拉合尔一直延伸到南部的马德拉斯。长城至今仍然矗立不倒，如果你去中国，你就能见到它。

● 万里长城

航海和贸易

021

> 有些愚蠢的人认为钱本身是好东西，他们收集和存储它，却不使用它。这说明他们不知道钱怎样才是有用的，也不知道钱到底是什么。

古代另一个有趣的民族是腓尼基人。他们跟犹太人和阿拉伯人属于同一种族。他们生活在小亚细亚的西海岸，也就是今天的土耳其。腓尼基人的主要城镇是地中海沿岸的阿卡、推罗和西顿。他们以长途航海贸易而闻名。他们的足迹遍布地中海，从海上直达英国，可能还到过印度。

现在，我们看到了两件有趣的伟大事情的开端——航海和贸易，两者相辅而行。当然，那时还没有像今天这样高级的蒸汽船和轮船。最早的船一定是树干凿刻成的独木舟。人们用木桨划船，有时也扬起船帆迎风航行。那时的海上航行一定很有趣，也很刺激。想象一下，乘着一艘有桨、有帆的小船横渡阿拉伯海！船身很窄，风稍微大一点儿，小船就会翻滚和倾斜。小船常常会沉没，只有勇敢的人才能在大海上驾船冒险。有时候他们几个月都看不到陆地，如果食物不够，就只能捉海鱼或海鸟，不然他们没办法从海里获得其他食物。

　　海上充满了冒险和浪漫。古时候，有很多关于水手和
海上奇遇的故事。尽管危险重重，人们还是要漂洋过海。
有些人可能已经做到了。因为他们要去做生意——买东

西，卖钱。他们也因此赚到了钱。

什么是贸易？今天，你会看到许多大商店，你走进去，买你想要的东西，这非常容易。但你有没有想过：你买的东西是从哪里来的？你在安拉阿巴德的商店里买的羊毛披肩，它可能来自遥远的克什米尔，羊毛可能出自克什米尔或拉达克山区的羊背上。你买的牙膏可能是用轮船和火车从美国运来的。你买的其他东西可能是中国、日本制造的，也可能来自巴黎或伦敦。

● 《不列颠海岸的腓尼基商人》，英国画家弗雷德里克·莱顿（1830—1896）作

想想集市上卖的一块外国棉布。它所用的棉花产自印度，后来被运到英国。一家大工厂把棉花清洗后制成纱线或棉线，然后再织成布。这些布又被运回印度，在集市上售卖。在此之前，棉花来回要走多少万里的路啊！印度种植的棉花要千里迢迢运到英国去做成布，再运回来，这似乎很傻，似乎是在浪费时间、金钱和精力。在印度把棉花制成布料应该更便宜、更好。你知道，我们不买也不穿外国布。我们穿印度土布，因为在我们力所能及的范围内，购买本国制造的东西更明智些。这样我们可以帮到那些纺纱织布的穷苦的人。

你可能会觉得贸易是一件非常复杂的事，一艘艘货船不断把一个国家的货物运往另一个国家。但情况并非一直如此。在人类开始定居的早期，几乎没有贸易。一个人想要什么，都得去买或自己做——当然，那时的人想要的也不多。然后，正如我已经告诉过你的那样，部落里出现了劳动分工。人们做着不同的工作，生产着不同的东西。有时会出现这种情况，一个部落大量生产一种东西，另一个部落大量生产另一种东西。这时，他们自然会进行交换。例如，一个部落可以用牛换另一个部落的谷物。那时还没有货币，只能物物交换。这一定很不方便。为了得到一袋谷物或类似的东西，人们不得不牵着一头牛或几只羊！但贸易还是发展起来了。

后来，人们发现了金银，就开始用它们进行交易，因为它们更便于携带。第一个想到这一点的人一定是个非常聪明的人。金银的使用使贸易变得更加容易。不过即使在那时，也还没有我们现在用的钱币。

黄金过去是用秤称好重量，再给与别人。后来出现了钱币，使贸易和交换变得更加简单。那时不需要称重，因为每个人都知道钱币的价值。现在，到处都在使用钱币。但我们必须记住，钱本身并没有什么，它只是帮助我们获得其他想要的东西，帮助我们进行商品交换。你一定还记

● 腓尼基银币

得弥达斯国王的故事，他拥有很多金子，但却什么都吃不到。所以，除非用钱来换取我们需要的东西，否则它一文不值。

即便是现在，你偶尔也会发现有些村落中的人们依然在以物易物，而不是用钱买东西。但通常情况下，人们还

是用钱，因为它更方便。有些愚蠢的人认为钱本身是好东西，他们收集和存储它，却不使用它。这说明他们不知道钱怎样才是有用的，也不知道钱到底是什么。

语言、

文字和

数字

022

> 数字和计算是伟大的发明。没有数字，很难想象任何一件事能被做成。

　　我们已经讨论过各种语言和它们之间的关系。我们发现，有些动物会使用一些简单的词。据说，猴子就有一些用来表示简单事物的叫声或词语。我们还会发现，有些动物在遇到危险时会发出某种特定的叫声。

　　也许人类的语言最初也是这样的，从恐惧和警告的叫声开始。最初一定是非常简单的音节，后来可能出现了所谓的劳动"号子"。你是否注意过，当人们一起拖拉东西，或举起重物时，喊口号似乎能帮助他们。劳动时发出的号子声可能是人类最初的语言。

　　那时可能只有名词，没有动词。如果一个人想说他看到了一只熊，他只会说一个词"熊"，然后比比画画，就像孩子一样。那时几乎没有什么对话！

　　随着语言的发展，短句出现了，随后是长句。大概没有一种语言在任何时候适用于所有不同的人群，但在某一时期，应该不会有很多种不同的语言。我曾告诉过你，那时有几种语言，每一种后来发展成为一个大的语系。

● 《吟游诗人荷马》，法国画家让·巴蒂斯特·奥古斯特·勒洛瓦（1809—1892）作，现存于法国巴黎卢浮宫

　　在我们已经讨论过的早期文明时期，语言已经有了很大的发展。当时有许多歌曲，吟游诗人和歌者经常演唱这些歌曲。那个时候还没有文字或书籍，人们只能完全靠记忆力，而押韵的诗歌易于记忆。因此我们发现，诗歌和民谣在早期文明存在的所有国家都非常流行。歌者或吟游诗人尤其喜欢歌颂逝去的英雄们的荣光。那时的人们对战争最感兴趣，因此很多诗歌描绘的都是战争中的英雄壮举。在印度和其他国家，你都能发现这种情况。

　　文字的起源也很有趣。我曾给你讲过中国的文字。人们所有的文字都是从图画开始的。一个人如果想说点儿关于孔雀的事，他就会试着画一幅孔雀。当然，不能老是这样画下去。慢慢地，图画变得越来越简单，人们想到并发明了笔画。这使书写变得更加简便，进步也更加迅速。

数字和计算是伟大的发明。没有数字，很难想象任何一件事能被做成。发明数字的人一定是个天才或非常聪明的人。最初在欧洲，数字是相当笨拙的。你知道罗马数字吗？ 从 1 到 10 分别写作 Ⅰ、Ⅱ、Ⅲ、Ⅳ、Ⅴ、Ⅵ、Ⅶ、Ⅷ、Ⅸ、Ⅹ。这些数字是相当笨拙且难写的，而我们现在使用的数字则好得多，它在所有语言里都称得上是便捷的。我指的是阿拉伯数字 1、2、3、4、5、6、7、8、9、10。它们之所以被称为阿拉伯数字，是因为欧洲人是通过阿拉伯人了解它们的。但阿拉伯人是从古印度人那里学来的，所以称其为印度数字更为正确。

不过，我说得太远了。我们后面会讲到阿拉伯人。

社会阶级的 差异

> 历史应该告诉我们，人民的喜怒哀乐，他们遇到的困难以及他们是如何克服的。

现在的男孩子和女孩子们，甚至包括成年人，都在以一种特殊的方式学习历史，如记诵国王、人名和战争的日期等。但是，历史肯定不是由战争和成为国王和将军的几十个人组成的。

历史应该告诉我们，一个国家的人民，他们怎样生活，他们做过什么，他们在想些什么；历史应该告诉我们，人民的喜怒哀乐，他们遇到的困难以及他们是如何克服的。如果我们遇到同样的困难或麻烦，读历史会帮助我们克服它。特别是，我们对过去时代的研究能帮我们了解：人们是变得越来越好，还是越来越差；是向前进步了，还是原地踏步。

我们当然应该努力从故去伟人的生活中学习一些东西，但我们也应该努力了解古代人民生活的各种情形。

我给你写过很多封信，这是第二十三封。但到现在，我们只讨论了我们所知不多的非常古老的时期，它其实很难称之为历史。如果我们愿意的话，可以称之为历史的开端，或历史的曙光。不久，我们就将讨论我们了解较多的时期，它可以被称为历史。不过，在我们结束早期文明之前，让我们再对它进行一次探究，看看在那个时代生活着哪些不同类型的人。

我们已经知道，在早期的部落中，人们开始从事不同种类的工作。我们还了解到，部落的首领——酋长是如何将自己的家人与其他人分开，只从事管理工作的，他成了"更高级"的人，或者可以说，他的家人开始与其他人属于不同的阶级。至此，我们发现开始有了两类人：一类人从事管理和命令工作，另一类人则从事实际工作。当然，负责管理的阶层拥有更大的权力，他们利用这种权力尽可能多地攫取财富。他们从其他劳动者那里攫取的东西越多，也就越富有。

于是，随着分工的进行，出现了几个阶级。第一是国王、国王的家人及他的朝臣，他们负责统治国家，为国家而战。他们通常不做其他工作。

然后是庙宇里的僧侣和其他附属于庙宇的人。他们在当时是非常重要的人物，我们稍后会讨论他们的工作。

第三是商人。他们携带着货物从一个国家到另一个国家，他们进行买卖和开设商店。

第四是工匠，也就是制造各种东西的人。他们纺纱、织布，制造陶器、铜器、金器和象牙饰品，以及其他许多东西。这些人大部分住在城镇或城镇附近，也有很多人住在乡村。

最后是农民和劳动者，他们在田野和城镇里劳作。他们是人数最多的阶级。其他所有阶级都想从他们身上获取一点儿东西。

024

国王、
庙宇
及僧侣

他们不能崇拜自己看不见的东西。

　　我们在上一封信中看到，当时形成了五个不同的阶级。人数最多的阶级是农民和劳动者。农民耕种田地并生产粮食。如果没有农民在土地上劳作，就不会有粮食，或者说粮食很少，所以农民非常重要。没有他们，每个人都会挨饿。尽管农民所做的工作对每个人来说都是如此必要，但他们从中获得的却很少。他们生产出的大部分物品都落于他人手中，尤其是国王和贵族阶级。

　　正如我们所看到的，国王和贵族阶级拥有很大的权力。在远古部落时期，土地属于整个部落，而不属于某个人。但是随着国王阶级权力的增长，国王说土地是自己的私有物。国王成了土地的主人，而某种程度上说，真正在土地上辛勤劳作的农民成了国王的仆人。

　　农民从土地生产出的一切都被分割了，大部分归于土地的主人，有些庙宇也拥有土地，因此也是土地的主人。

　　让我们来看看庙宇和僧侣都是什么。我在给你的一封信中说过，早期的野蛮人之所以想到神灵和宗教，是因为他们对很多事情都不了解，他们为此感到恐惧。他们把河流、高山、太阳、树木、动物和他们看不见而只是想象出来的东西（如精灵）,都当作男神或女神。因为恐惧，他们总是以为神要惩罚他们。他们心目中的神就像他们自己一样粗鲁与残暴，所以他们总是试图用祭品来满足或取悦神。

他们为这些神建立了庙宇。庙宇里有一个特殊的房间，叫作神龛或圣地，里面供奉着他们崇拜的神像。他们不能崇拜自己看不见的东西。这有点儿难以理解。你知道，小孩子通常能想到自己看到的东西。早期的人类有点儿像小孩子，没有图像就无法崇拜，于是他们在庙宇里放上神像。奇怪的是，这些神像通常是可怕的、丑陋的动物，有时是半人半兽的模样。在埃及，人们曾经崇拜过一只猫；在另一个时期，我认为是一只猴子。人们为什么要崇拜这些可怕的动物形象，着实有些难以理解。如果要崇

拜一个形象，为什么不把它做得美一点儿呢？也许当时的想法是，神是可怖的，所以神被塑造成可怕的形象。当时的人们不像现在的大多数人那样，认为只有一个神或一种伟大的力量。在他们的想象中，有许多男神和女神，这些神有时相互争斗。不同城市和不同国家往往有着不同的神。

庙宇里到处都是僧侣和女祭司，

通常僧侣都会读书写字，比其他人更有学问，当时的书籍都是由僧侣书写或抄写的。他们因此成为国王的顾问。也因为他们有一定的知识，所以他们是古代的智者，同时也是医生。他们常常向人们表示他们是如何的聪明，实际是在用诡计欺骗人们。那时的人们非常淳朴无知，认为僧侣是巫师，因而对他们心存畏惧。

僧侣们千方百计地混入人们的生活。人们认为他们是智者，在遇到困难或生病时都会去找他们。那时还没有日历，尤其对普通人来说；他们按照节日来计算日期。

虽然僧侣们经常欺骗和误导人，但他们也在很多方面帮助人们，使人们进步。可能在某些地方，人们最初在城镇定居下来时，管理他们的人是僧侣而不是国王。后来，国王取代了大祭司，因为国王的权力更强大。在有些地方，国王和大祭司是同一个人，比如埃及的法老。法老在世时被视为半神。他们死后，会被当作神来崇拜。

回顾

025

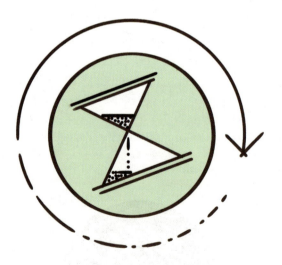

> 我们认为自己很重要，经常为一些小事而烦恼忧虑，但在历史的长河中，这些小事又算得了什么呢？

　　你是不是已经厌倦了我的信，我想你应该休息一下。好吧，这段时间我不会给你写新东西了。我希望你能回顾一下已经学过的东西。

　　我们在二十几封信中，走过了几百万年。从地球还是太阳的一小部分开始，我们知道了它是如何分离并慢慢冷却下来的。然后是月球。在漫长的岁月里，没有生命的存在。你知道一百万年有多长吗？生命的成长非常缓慢。你才十岁，就已经长大了——你已经是个少女了，不是吗？一位年轻的女士！一百年对你来说已经够漫长的了。然后是一千年！还有一百万年，它是一千的一千倍！恐怕你的小脑袋已经无法正确认识这一点了。

　　我们认为自己很重要，经常为一些小事而烦恼忧虑，但在历史的长河中，这些小事又算得了什么呢？阅读和了解广阔的历史时期对我们有好处，这样我们就不会为琐事而烦恼了。

　　让我们记住，在很长很长的时间里，地球上根本没有生命。又过了很长很长时间，海洋里才出现生物，那时

　　还没有人类。千百万年来，动物们四处游荡，没有人捕杀它们。当人类出现时，他们只是微不足道的小东西，是动物中最弱小的。慢慢地，人类变得越来越强大，越来越聪明，直到成为地球上的主人，而其他动物都变成了人类的仆人和奴隶，听从人类的命令。

　　接着我们来看文明的发展。我们已经知道了文明的起源，我们会在后面继续讨论它。我们现在还不甚了解

　　几百万年的经历。在我们的信中，我们了解到的只是大约
四五千年前的一个时期，但我们对这四五千年的了解要
比之前几百万年都多。人类的历史和进步其实都发生在这
四五千年间。等你长大了你会读到很多有关的历史。我只
想简略写一写，让你了解在我们这个小小的世界里，人类
曾经历了什么。

026

化石
和
建筑遗迹

> 从这些废墟中，你依然能看出古代
> 的埃及人是多么了不起的建筑家。

很久没给你写信了。在上一封信中，我们回顾了我们一直关注的远古时期。我给你寄了一些鱼类化石的明信片，让你知道这些化石是什么样子的。在穆索里，我们见面的时候，我给你看过其他化石的图片。

鱼化石

你可能还记得爬行动物的化石。爬行动物通常指"爬着走"的动物，比如我们见过的蛇、蜥蜴、鳄鱼和乌龟。古代的爬行动物跟它们属于同一科，但是古代的爬行动物体型更大。

你一定还记得我们在南肯辛顿博物馆看到的那些巨大的野兽，其中一个有九到十二米那么长。有一种青蛙，个头比人还大；还有一种乌龟，几乎和人一样大。巨大的蝙蝠经常飞来飞去，还有一种巨型蜥蜴，当它站起来的时候，几乎同小树一样高。

你还见过古代植物的化石。在岩石上留有美丽的蕨类植物的痕迹，还有叶子和棕榈树的化石。

在爬行动物出现很久之后，哺乳动物才出现。我们周围的大多数动物和我们自己都是哺乳动物。古代的哺乳动物与今天的哺乳动物并没有太大区别。它们只是体型较大，但不像爬行动物那么大。长着巨大獠牙的大象和巨大的熊都是哺乳动物。

你也曾见过人类化石，但它们通常并不有趣，因为多半是人类的颌骨和头骨。更有趣的是原始人制造的燧石工具。

我也曾给你看过几张埃及陵墓和木乃伊的图片。你或许会记得，其中有些图片非常漂亮。木棺上绘画着长长的人物故事。最有趣的是埃及的底比斯古墓里的壁画。

你还见过底比斯的宫殿和神庙遗迹的图片。它们是巨大的建筑，有着巨大的柱子。底比斯附近有门农巨像，它们是巨大的神像。

即使它们现在已成了废墟，但从这些废墟中，你依然能看出古代的埃及人是多么了不起的建筑家。

如果他们不懂得大量的工程知识，就不可能建造出这些宏
伟的神庙和宫殿。

我们的简短回顾到此结束，下一封信我们将继续讨论。

● 门农巨像，位于埃及尼罗河西岸和帝王谷之间的原野上

雅利安人

来到印度

雅利安人是一个善战的民族，他们驱赶了之前的达罗毗荼人。

我们之前一直在讨论的都是非常古老的时代，现在我们来看看人类是如何发展的，以及人类都做过些什么。那些古老的时代被称为史前时代，也就是在历史之前，因为我们没有关于那个时期的真正的历史资料，只能靠猜想。现在，我们来到了历史的边缘。

让我们先来看看在印度发生了什么。我们已经知道，在很早以前，印度和埃及一样拥有古老的文明。后来，贸易产生了。船只将印度的货物运往埃及、美索不达米亚和其他国家。当时，生活在印度的人被称为达罗毗荼人，他们的后裔现在生活在南印度的马德拉斯一带。

后来，这些达罗毗荼人受到了北方的雅利安人的侵略。在中亚，雅利安人的数量一定很庞大，他们在那里寻找不到足够的食物，于是分散到其他国家。大批雅利安人去了波斯，甚至到了希腊和更远的地方。他们越过克什米尔附近的高山，成群结队地来到印度。

雅利安人是一个善战的民族，他们驱赶了之前的达罗毗荼人。一批又一批的雅利安人应该是从西北方向来到印度的。也许最初，达罗毗荼人阻止过他们，但越来越多的雅利安人来到印度，就无法被阻止了。长期以来，雅利安人停留在北方的阿富汗和旁遮普一带。后来，他们来到了我们现在居住的"联合省"。[①] 他们继续向前扩展，直到来到印度中部的温迪亚山脉。由于那里森林茂密，很难穿越，他们便一直停留在温迪亚山脉的北麓。其中也有一些人想办法翻越了重重高山，来到了南方，但大部分人是到不了的，因此南方主要是达罗毗荼人。

研究雅利安人来到印度的过程是非常有趣的。你可以从古老的梵文书中读到很多关于他们的事。其中有些书，如《吠陀经》，一定是在那个时期写成的。最古老的《吠陀经》是《梨俱吠陀》，你可以从中了解雅利安人当时占据着印度的一些地区。从其他《吠陀经》和古老的梵文书（如《往世书》）中，你可以了解雅利安人是如何继续扩张的。也许你还不太知道这些古书，等你长大后你就会知道了。但即便是现在，你也听过从《往世书》中流传下来的许多故事。后来，又出现了《罗摩衍那》和《摩诃婆罗多》两大史诗。

从这些书中我们可以知道，当雅利安人只居住在旁遮普和阿富汗时，他们称这一地区为"梵域"（Brahmavarta）。阿富汗当时被称为犍陀罗。你还记得《摩诃婆罗多》中的甘陀利吗？她之所以被称作甘陀利（Gandhari）是因为她来自犍陀罗（Gandhara）。阿富汗现

---

① 编者注：联合省，即目前的北方邦，位于印度北部，是印度人口最多的邦。

●《摩诃婆罗多》插图，约创作于 1800—1850 年间，现存于美国大
都会博物馆

在是一个独立的国家，但在那个时代，它和印度同属于一
个国家。

　　当雅利安人来到恒河和贾木纳河流域时，他们将整
个印度北部叫作雅利安国（Aryavarta）。跟古代其他民族一
样，雅利安人在河流两岸的城市定居下来。瓦拉纳西、贝
拿勒斯、普拉雅格和其他许多城市都坐落在河岸上。

印度的
雅利安人是
什么样的人？

> 他们并不像今天的旅行者。他们
> 没有回头路。他们居留在这里，
> 或者战斗而死。

　　雅利安人来到印度，大概是在五六千年以前甚至更早些时候。他们当然不是一起来的，而是军队跟着军队，部落跟着部落，家族跟着家族，在几千年间陆陆续续来的。你可以想象，他们坐着长长的大篷车，把所有家当都装在车上或放在牲畜背上。他们并不像今天的旅行者，他们没有回头路。

　　他们居留在这里，或者战斗而死。正如我给你讲过的那样，他们中的大多数人都是翻越西北部的高山而来的。但也许也有一些人是从波斯湾渡海而来，再乘小船沿印度河而上。

　　这些雅利安人是什么样的人呢？我们可以从他们写的书中了解很多。其中一些书，如《吠陀经》，可能是世界上最古老的书。也许它们一开始并没有被写下来，只是被人们背诵和吟唱。它们是用优美的梵文写成的，你几乎可以唱出来。即使是现在，听一个懂梵文、声音好听的人朗诵《吠陀经》也是一种享受。《吠陀经》被印度人视为圣书。

那么"吠陀"是什么意思呢？它的意思是知识，而《吠陀经》包含了当时被称为圣人或智者所搜集的知识。那个时代没有铁路、电话和电影院，但这并不意味着人们是无知的。有些人甚至认为，古代的智者比现在的智者更有智慧。不论他们聪明与否，他们都写下了精彩的书，这些书即便在今时今日仍被大力赞颂。这些书表明了古代的智者是多么伟大。我已经说过，《吠陀经》起初并没有被文字记载，它们只是被人们记忆着，并一代代口口相传。那时候的人们一定有着惊人的记忆力。想想，我们中有多少人能背诵下来整本书呢？

　　《吠陀经》被写成的那个时代，叫作吠陀时代。

　　《吠陀经》的第一部是《梨俱吠陀》，它包含了古代雅利安人常唱的赞美诗和歌曲。雅利安人一定是一个非常开朗的民族，他们不悲观厌世，而是充满了欢乐和冒险精神。在欢乐中，他们创作出优美的歌曲，并把它们唱给他们崇拜的神。

　　他们为自己和自己的民族感到骄傲。"雅利安"这个词本身就意味着"绅士""高级的人"。他们十分热爱自由，不像今天他们在印度的后代那样缺乏勇气，从不为失去自由而感到痛苦。对古老的雅利安人来说，死比被侮辱或被奴役要好得多。

他们是优秀的战士，而且懂得一些科学知识和大量的农业知识。他们天然地重视农业，由此重视有助于农业的一切事物。河流为他们提供了水源，他们热爱河流，视河流为伟大的朋友和恩人。公牛和母牛对农业和他们的日常生活

也有很大帮助。母牛产的奶非常珍贵，因此，他们特别爱护这些动物，并赞颂它们。很久以后，人们忘记了爱护母牛的真正原因，开始崇拜母牛，好像这样做对他们有好处似的。

雅利安人以自己为荣，害怕与印度的其他居民混为一谈。于是他们制定了法律和规则来防止这种融合，使得雅利安人不能与其他民族通婚。很久之后，就发展成了今天所说的种姓制度。当然，现在这是十分荒谬的。有些人害怕接触他人或与他人一起吃饭，幸而这种行为在现在越来越少见了。

> 尽管这些书写于数千年前，但它们今天仍在印度流传，每一个孩子都知道它们，每一个成年人都被它们所影响着。

在印度的吠陀时代（即《吠陀经》成书的时代）之后，出现了所谓的史诗时期。之所以得名"史诗时期"，是因为当时诞生了两部伟大的史诗，是讲述伟大的英雄故事的长诗。它们就是你所熟悉的《罗摩衍那》和《摩诃婆罗多》。

在史诗时期，雅利安人已经扩展到印度北部，直至温迪亚山脉。我之前给你讲过，这片土地被称为雅利安国。现在的联合省被称为"摩陀耶提舍"，意为中央国家。孟加拉被称为万加。

有一件有趣的事，你一定很高兴知道。如果你看一下印度地图，想象位于喜马拉雅山脉和温迪亚山脉之间的雅利安国，你就会发现，它很像一弯新月。雅利安国也因此被叫作月亮之国。"indu"的意思是"月亮"，因此雅利安国也是月亮之乡。[1]

雅利安人非常喜欢新月。他们认为所有月牙形的地方都特别神圣。他们的许多大城市都是新月形的，比如贝拿勒斯。即使是在安拉阿巴德，我不知道你是否知道，恒河

[1] 编者注：尼赫鲁的女儿英迪拉的昵称就叫 Indu。

就是月牙形的。

《罗摩衍那》讲述的是丈夫罗摩和妻子悉多与楞伽之王罗波那作战的故事。楞伽就是今日的锡兰。最初的故事是由印度诗人蚁垤用梵文写成的。后来有了其他几种文字的译本，最著名的是杜勒西达斯的印度语版本，名为《罗摩功行录》。

我们从《罗摩衍那》中知道，罗摩在南印度得到猴国的帮助，神猴哈奴曼是猴子们的大英雄。也许《罗摩衍那》的故事实际上是雅利安人与南方人战斗的故事，而南方人的首领就是罗波那。

《罗摩衍那》中有很多美丽的故事，可是我在这里不能多谈，你应该自己去读一读。

《摩诃婆罗多》创作的时间远在《罗摩衍那》之后。这本书是更大部头的书。它讲述的不是雅利安人和达罗毗荼人之间的战斗，而是雅利安人和雅利安人之间的一场大战。除了描述战争，它还是一本精彩绝伦的书，充满了伟大的思想和崇高的故事。最重要的是，它之所以为我们所有人所熟知，是因为它包含了《薄伽梵歌》这首瑰宝般的诗歌。尽管这些书写于数千年前，但它们今天仍在印度流传，每一个孩子都知道它们，每一个成年人都被它们所影响着。

《罗摩衍那》插图，约创作于 1605 年，
现存于美国大都会博物馆

145